희망을 꿈꾸는 당신에게

# 희망을 꿈꾸는 당신에게

윤석하 엮음

# 희망을 꿈꾸는 변함없는 우정

중국 길림성 매하구시 산성진 해룡이중 제 2기 필업생 모임회는 50여년 동안 여러번 열렸다. 첫 번째 모임은 1987년 8월 8일에 구 조선중학교에 모여 모교 선생님을 모시고 좌담회를 열어 지나온 생활의 체험을 교류하고 "우리 우정은 변함이 없으라"는 노래를 배우고 이 노래를 동창모임회의 지정곡으로 결정했다. 숙소나 마반산 저수지를 여행가는 버스 안에서 모두 흥분된 기분으로 노래하고 춤추고 웃고 떠들면서 즐거워했다.

두 번째 모임은 1997년 9월 12일 해룡이중에 모여 해룡이중 창립 50주년 기념대회에 참가하고 모교 선생님들과 같이 식사하고 이야기를 나누었다. 그 날 저녁 모닥불을 피워 놓고 둘러 앉아 단체무도를 배우고 춤을 추고, "학교 교실로 갔어" 노래를 부르고 이야기를 하면서 밤을 새웠다.

세 번째 모임은 2001년 8월 3일 산성진 모교에 모여서 좌담회를 열었고, 모교에서 준비한 문예 연출을 관람하고, 마변산 저수지에 가서 물놀이 하고 저수지에서 잡은 물고기로 다양한 물고기 요리를 해먹고 사람마다 즐거운 이야기를 나누었다.

네 번째 모임은 2010년 4월 30일 매하구 조선중학교에 모여 학교 문예 연출을 관람하고 오락회를 열고 동창과 가족이 같이 모임을 가졌다. 함께 노래를 부르고 유희놀이를 하면서 즐겁게 보냈다.

다섯 번째 모임은 2014년 9월 20일 매하구에 모여 90세 넘는 모교 교장을 찾아뵙고 좌담회를 열어 평생 살아온 이야기를 나누었다. 선생님들께 선물을 올리고, 동현 동창이 보내온 기념품을 나누고 마반산 저수지에 가서 물고기 요리를 먹고 북을 치고 장구 치며 춤추고 노래하면서 2박 3일을 보내고 동창 막내 진갑에 참가하였다.

동창 전체 모임이외에도 여섯 번이나 작은 모임을 가졌는데, 2002년 7월 5일 최덕순의 요청으로 료녕성 영성시에 모여 바다 유람과 명승지를 참관하고 공원을 유람하고 바닷가에서 낚시질을 하면서 즐겁게 보냈다. 2006년 7월 23일 장백산 유람을 갔고, 2007년 9월 26일 삼각룡안을 참관하였다. 2008년 12월 28일 한국에 간 동창이 왔다. 동창과 가족 43명이 모여 송구영신 오락과 유회를 조직했다.

2009년 7월 15일 다시 장백산 천지에 가서 천지 물에 발 씻고 얼굴 씻고 폭포 구경하면서 사진을 찍었다. 2015년 5월 26일 강순덕의 요청으로 금주시에 모여 만리장성을 구경하고 명승고적을 참관하고 해변가와 숙소에서 춤추고 노래하고 여생을 건강하게 좀 더 뜻있게 보낼 것을 약속하였다.

매번 동창 전체 모임마다 좌담을 통해서 삶의 길에서 체험하고 느낀 점들을 교류하고 서로 격려하면서 참된 삶을 이루어 나갔다. 이에 동창모임 좌담에서 말한 것들을 정리하여 책으로 묶었다. 책 내용은 주로 고난을 극복하고 노력으로 이루어진 삶에 대한 것이다. 이 책을 읽는 사람들에게 용기와 희망을 준다면 더없는 기쁨으로 여기리라.

책을 출간하는데 많은 협조와 지원을 해 준 전국인민대회 상무위원회 위원이었고 연변 조선족 자치주 인민대표대회 상무위원회 주임이었던 장룡준 동지를 비롯, 양병화, 최덕순, 김동현, 강순덕, 김동호 등 동지들과 졸필을 엮어 준 도서출판 몽트에 감사의 인사를 보낸다.

대한민국 안산에서 윤석하

# 차례

# 동창회

강인규

반세기 전 갈라져
만 날길 없던 그리운 동창
동창회 너는야
갈라진 동창 일깨워
선생님 높이 모시고
한자리에 단란히 모이게 하였나니
아, 동창회 너는야
동창의 세상 안아왔구나

산지 사방에서 모인 돛아
서로 서로 옛 모습 불현 듯 그려보며
거침없이 척척 이름 짖는다
아, 장하구나 정 깊은 동창
머리엔 서리발 내렸고
얼굴에 주름살 깊이 파이었건만
동창아, 어쩌면 철부지한 어제
같으냐
아 그건 동창회가 돌아간 청춘
되 살리 였음이라

동창회 좌담 우렁찬 박수 소리 울린다
평범한 사업터에서 따낸 기적 같은 업적
형세 발전에 발 맞추워 창업해 나간 정신
최대 시련을 최고 승리로 이끌어 나간 용기
생활의 풍랑 속에 용감히 노젓는 모습
아, 아— 동창회 안은 업적, 정신, 용기, 모습
영원히 빛나리

아, 반갑다 동창이여
죽잖고 만나니 기쁘다
자 마음껏 춤추고 노래 부르자
높이 들자 상봉의 술잔을
동창의 정 바다보다 깊고
동창의 정 태산보다 높다
아, 즐거운 동창회
영명한 동창회
동창이 모인 그 어디에서나
웃음꽃 만발하고 자랑 넘친다
아, 동창이 모인 그 어디에서나

환희에 들끓고 정열의 불꽃 춤춘다
숙소에서 식당에서, 마반산 물가에서, 달리는 버스에서
스승님 가꾼 새싹
꽃피고 열매 맺어 나라의
동량 되었구나
동창의 자랑 끝없어라

노래와 춤판에
밤이 새고 날이 가는 줄 모르는
동창
노래로 목이 쉬고 춤판에 발바닥
부풀어도
넘치는 흥 다 털지 못하는 정 깊은
동창
아, 동창은 환호한다
두 손 들어 높이 외친다
동창회 좋을씨구 동창회 길이 길이

빛나라!
동창회 만세

만나면 반갑고 갈라지면 섭섭한
동창
그러나 우리는 또 갈라져야 한다
자, 높이 들자 작별의 술잔을
우리는 앞으로의 동창회를 그리며
씩씩하게 걸어간다. 희망의 일터로
선생님 안녕히 계십시오.
다시 만납시다
동창아, 잘가라 다시 만나자!

우리는 평범한 일에서도 큰 업적을 따낼 수 있다는 용기와 노력을 가져야 한다.

## 평범한 사업터에서 기적을 일구다

이병식

나는 평생 평범한 사업터에서 지내왔다. 그렇지만 평범한 사업터에서도 기적같은 업적을 따내어 정부의 중시를 받았고 백성들의 존중과 호평을 받아 반석시 제 14기 인민대표대회 인민대표로 당선되었다. 이후로 반석시 노동모범, 길림시 노동모범으로 당선되었으며, 반석시 기업가 협회 이사로 당선되었다.

1962년 내가 고중을 졸업하고 처음으로 사회 생활에 발을 내디딘 곳은 바로 민반 교사였다. 학생에서 교사가 된 나는 더 없는 기쁨과 중대한 책임감을 느끼게 됐다. 나는 밤낮을 가리지 않고 부단히 학습하고 교학을 연구 실천하면서 열심히 가르쳤기에 반급 학습성적이 많이 제고되어 해마다 전교 '우수반급'으로 당선되었고 나는 '우수교사' 칭호를 수여 받았다.

1976년에 나는 재직학교의 추천을 받아 '오칠' 수의 대학에 가서 또 학생 생활을 시작했다. 나는 열심히 배우고 노력한 결과 최우수 성적으로 졸업하고 1978년 고향에 돌아와 수의사로 되었다. 나는 수의 사업 임무를 착실히 완성하는 동시에 벼 10만근을 생산 했으며, 면적이 10무나 되는 양어장을 세 맡아 해마다 우량 물고기 2만근을 출하시켰다. 또 처음으로 남색 여우를 사육하기 시작했다. 3년 사이에 마리 수를 8백 마리로 발전 시켰다. 동시에 남색 여우 사육 기술과 우량 종자를 많은 사람들에게 보급시켜 많은 사람들이 남색 여우를 사육하기 시작했다. 오래지 않아 우리집은 '남색 여우 사육장'이 되었다. 그때 나는 길림 신문사 총신원으로 일했는데 몇 년 동안에 20여 편의 원고가 길림신문에 실렸으며 그중에 '최소장 출세기'는 2등상 '허대포의 새로운 고민'은 1등상 영예 증서를 수여받았다.

1989년 나는 우리촌 회계 사업을 맡게 되었고 이듬해는 촌장으로 당선되었다. 촌장사업은 농촌 하층 사업으로 촌 생산 사업과 촌민들 생활에까지 신경을 써야 했다. 나는 선진 생산을 해내기 위해 많은 농업에 관한 책을 구하여 학습하고 길림 해룡 공주령 등 농업 과학 기술원에 다니면서 많은 농업기술을 배웠다. 내가 직접 관리하는 10무 실험전에다 무슨 종자, 농약, 비료를 써야 벼가 잘 자라고 생산이 증가하는가를 실험하고 실험보고서를 써서 상급으로부터 '농업 기술원'자격증을 따냈다. 실험에서 증명된 벼우량 품종과 새로운 재배 기술을 촌민들에게 보급시켜 벼 생산량을 크게 증가시켰다.

이전에는 촌민들이 개인으로 여기저기 가서 종자, 농약, 비료를 구입해 오느라고 큰 불편과 부담이 컸다. 하지만 내가 나서 조직하여 우량종자 좋은 농약 알맞은 비료 등 농사에 필요한 물건들을 통일로 구입해다 나누어 주어 촌민들이 불편함을 덜어주고 생산량을 증가시켜 촌민들로 하여금 큰 혜택을 보게 하여 촌민들의 호평을 받았다.

1999년 신 농촌건설이 시작되었다. 나는 촌민들의 의견을 듣고 외지 정황을 요해하고 남에게 못지않은 새 농촌 건설 계획을 세우고 촌민을 총 동원하여 4개월의 총격전을 펼쳐 마을의 5가지를 통일 시켰다. 즉 집집마다 집 주의에 쇠 울타리를 세우고, 철대문을 달고, 변소를 정한 규격대로 새로 지었다. 또한 재창고를 짓고, 시겐트 콘크리트 물도랑을 똑같이 하였다. 마을 길 양쪽에는 수백 대 가로수와 꽃나무를 심었고 집집마다 집 위에 각양각색 꽃을 심어 봄부터 가을까지 마을에 들어서면 마치 아담한 별장이나 아름다운 도시 공원에 온 것처럼 느껴지게 했다.

마을 앞 입구 쪽에 2천 평에 달하는 공지가 있었는데 쓰레기가 무더기로 쌓여있고 썩은 물이 고여 파리, 모기가 들끓었고 악취가 지독했다. 촌민을 동원하여 그곳에 모래, 흙을 가져다 메끄고 마을의 '문화광장'을 만들었다. 멋진 무대 바닥에는 시멘트 벽돌을 깔고 광장 어귀에는 정자를 세웠으며 마땅한 자리에 게양대, 분수대, 잔디밭, 꽃밭을 만들었다. 주위에는 여러 가지 나무를 심고 쇠 울타리를 세웠다. 마을과 광장에는 가로등도 세웠다. 저녁이면 마을 사람들이 광장에 나와 바람도 쐬고 이야기도 나누며 카세트를 틀어놓고 사교무와 여러 가지 춤을 췄다. 너무나도 아름다운 광장 경치가 매혹적이라 인근 마을에서 결혼식하는 젊은 신랑, 신부는 꼭 여기에 와서 녹화하며 즐거운 신촌생활을 지내며 만족스러워 한다.

반석시 신농촌 건설 운동에서 우리촌은 1위로 선정되며 십만원의 상금도 탔고, 길림시 선진촌 하나로 되었다. 몇 년 째 길림, 장춘, 반석시 등에서 지도자들과 군중의 참관 행렬이 끊이지 않았다. 중앙 국무원 반공실 주임께서 길림성 제 2서기, 길림시 제 1서기 배동 하에 일행 40여명이 시찰을 다녀가셨다. 성시와 중앙 제 4, 제 7 CCTV에도 우리 촌 사실이 방송되었다.

내가 평범한 사업터에서 기적적인 업적을 따낼 수 있었던 것은 자기가 하는 사업에서 창업하겠다는 욕망을 가지고 진취심으로 학습하고 연구한 결과이다. 또한 좀더 가치 있는 일을 찾아내서 하면 된다는 용기를 가지고 한번 해서 안 되면 굴복하지 않고 계속 해나가는 것이 중요하다. 이 과정에서 많은 곤란과 곡절에 부딪쳤지만 이루어지는 성과를 볼 때 마음속에 행복감이 넘쳐났고 이것이 보람찬 인생이라 생각했다.

## 山中問答

이백 李白

問余何事棲碧山　왜 산에 사느냐 묻길래

笑而不答心自閒　웃기만 하고 아무 대답 아니했지.

桃花流水杳然去　복사꽃잎 아득히 물에 떠 가는 곳

別有天地非人間　여기는 별천지라 인간 세상 아니라네.

사람들이 살아가는 길에는 이런 저런 고통과 시련에 부딪칠 수 있다. 그때마다 고통과 시련을 헤쳐 나가는 용기가 있어야 하고 승리로 나가는 부단한 노력이 있어야 한다.

# 최대의 시련을 최고 승리로

양병화

나의 인생 중에 3대 시련이 있었다. 첫째는 어려서 아버지와 형님이 돌아 가셨고 둘째로 젊어서 사랑하는 아내를 잃었고 셋째는 문화 혁명 시기 자본주의 추종세력이라는 죄명을 뒤집어 쓰고 투쟁당하고 추방당했다.

비극이 꼬리에 꼬리를 물고 다가와서 나로 하여금 재난의 고통 속에서 헤매게 하였다. 그러나 나는 새 삶을 개척하려는 강한 의지와 욕망을 가지고 하나하나의 비극을 헤쳐 나가면서 새로운 삶의 길로 나갔다.

우리 집 자자손손은 모두 농촌에서 자랐다. 나는 1944년 10월 28일, 보통 농민 가정에서 태어났다. 1948년 겨울 아버지는 집에서 기르던 소 한 마리를 팔아 로비해서 조선에 있는 친척방문에 나섰다. 아버지가 반석 고산룬에 도착했을 때 친구를 만났다. 그 날 저녁 이씨라는 친구 집에 가서 술을 마시다 그 집에서 잠을 자게 되었다. 깊은 밤이 되었을 때 복면한 강도가 칼을 들고 문을 부시고 들어오는 순간 아버지께서 급하고 위급한지라 신도 못 신은 채 뒷 창문을 박차고 도망쳤다. 그날따라 눈보라치며 칼바람이 부는 몹시 추운 날씨였다. 아버지는 술기운에 몇 시간 뛰고 나니 정신이 오락가락 하면서 허덕이다 정신을 잃고 쓰러졌다. 이튿날 아침 좋은 분을 만나 그분이 아버지를 반석에 있는 군부대 병원에 보내어 급구하게 되었지만 두 하지가 얼어 절단하게 되었다. 아버지는 감염된 상처가 더 심해져 치료하다 1949년 3월에 불행히 세상을 떠났다.

나에게 형님이 한 분 계셨는데 그는 17살 때 입군해서 북경부대에 있다가 1950년 조선전쟁이 일어날 때 조선전쟁지원군에 합류되어 조선전생에 참가하였다. 1951년 격렬한 전투에서 형님이 광영하게 희생되었다. 그때 내 나이 일곱 살 어린시절에 아버지와 형님을 영원히 잃었다. 우리집 기둥이 무너졌다. 어머니는 35세때부터 과부가 되어 비참과 고통 속에서도 굴하지 않고 할머니와 누님과 여동생 그리고 나를 먹여 살리기 위해 갖은 고생을 다하였다. 그 때 우리 가정은 너무 곤란하여 끼니를 이어가기가 힘들었다. 그토록 가난한 생활이었지만 어머니는 나를 학교에 보내었다.

1962년 7월 나는 우수한 학습 성적으로 해룡이중고를 졸업하고 가정생활을 유지하기 위해서 임시교원을 했다. 나의 능력이 돌출했기에 얼마 있지 않아 정식교원으로 되어 휘남현 선진교원으로 뽑혔다. 1964년 전국 교육 계통 군영회 후선원으로 당선되었고 통화지구 선진공작자 3명 중 한명으로 추천받았다. 나는 1965년 입당하고 조양진 중심소 학교 대리 교장직을 받았다. 그 때 내 나이 25세였다. 1966년 문화 대혁명이 시작되었는데 그 때 1967년 나는 휘남현 문화 혁명 공작조에 가서 사업하다 1968

년 조양진 중심소 학교 혁명 위원회 주임 공작을 담당하고 조양진 혁명 위원회 상무 위원과 휘남현 혁명 위원회 위원직을 겸했다. 나는 소수민족 현급 간부 후배 명단에도 올랐다. 1968년 전국적으로 자본주의 노선을 비판하는 운동이 전개됨에 따라 나를 자본주의로 가는 당권자로 몰아 부치고 비판하고 투쟁하고 나섰다. 1969년 12월 농촌으로 나를 보내 재 교육을 받게 하고 강제로 나를 빈하중농 재교육을 받게 했다. 당시 나의 아내도 나를 따라 농촌으로 갔다. 그런데 운명이라 할까 아내가 교통사고로 사망했다. 하늘이 무너지는 것 같다. 그때 내 나이 28세, 젊은 나이에 사랑하는 아내가 벼락같이 다가온 교통사고로 사망했을 때 받은 충격은 말로 형용 할 수 없었다. 비통한 마음은 가슴이 찢어지는 듯이 아팠고 눈앞이 캄캄해졌다. 집에는 연세 많은 할머니가 계시고 1살난 딸아이가 있었다. 재난에 또 재난이 덮치니 나로서는 비극에 잠기어 어찌 할 바를 몰랐다. 그러나 앞에 부딪친 현실을 외면 할 수 없지 않은가. 나의 마음을 가다듬으면서 최대의 비극을 최고의 승리로 이끌어 나갈 결심을 했다.

나는 삶에 대한 강한 의지와 새로운 삶을 개척하려는 정신력으로 계속 비극의 고통 속에서 헤매지 않았다. 아내 상사를 처리하고 할머니와 아이를 잠시 누님께 맡겼다. 이후 농민 집에서 자고 먹으면서 낮에는 들에 나가 일하고 밤에는 각종 회의에 참가하면서 계속 빈하중농 교육을 받았다. 당시 나는 당과 인민을 믿었다. 멀지 않아 내가 뒤집어 쓴 '류등' 반동노선 집행자 혐의를 벗겨줄 것이라는 것을 확신했다.

할머니와 딸아이를 위해서 그리고 나의 앞으로의 생활을 위해서 새로운 가정을 건립하기로 결정하고 농촌에 있는 한 여자와 결혼했다. 새로 찾아온 아내는 근로하고 마음씨 곱고 해서 나와 나의 가정이 재난 당한 것을 동정하면서 나에게 깊은 애정을 주었다. 나의 가정은 다시 행복의 씨앗이 싹트기 시작했다. 사인방이 넘어진 후 나는 정치상 해방을 가져왔고, 다시 업무를 분배받게 되었다.

조직에서는 나를 고집강 소학교 교장으로 가라고 했는데 집식구들이 모두 조양진에서 살았기에 앞으로 가정생활을 고려해서 조양진 소학교로 갈 것을 제안했다. 결국 나는 조양진 소학교로 가게 되었다. 그곳에서 일반 교원으로 있다가 농촌으로 데리고 온 아내와 가정생활이 곤란한 것을 고려하여 조양진 오금회사로 이동하고 아내를 오금회사에서 일하게 했다. 후에 아내도 정식 직원이 되었다. 두 사람이 월급을 받으니 가정경제가 좋아지게 되어 안심되고 부부가 한 회사에서 일하니 재미도 나기에 행복한 생활을 하게 되었다. 나는 회사에서 지식인 티를 내지 않고 열심히 일해서 매년 선진 생산자로 당선되었고 후에 차간 공장장을 맡게 되었다. 그 뒤에는 회사 직원 교육과 주임, 로동인사와 과장 직무를 맡고 있다가 회사 공회주석 직무를 맡았다. 10여년 공회주석을 받으면서 길림성공회 모범간부, 기업정치 공작 선진자를 수여받았다. 나이가 많아짐에 따라 1993년 제 2선으로 넘어가고 2003년에 정식 퇴직했다.

퇴직하고 나서 하루도 집에서 놀지 않고 무역회사를 꾸리고 장사를 했다. 경제가 돌아가지 않기에 그만두고 전국을 돌아다니면서 돈벌이를 했다. 밥집에 가서 개를 잡아보기도 하고 보일러에 불을 떼보기도 하고 병원에서 간병도 해보았다. 아내와 같이 두 번 한국에 가서 식당에서 같이 피땀 흘리면서 고군분투했다. 아내와 같이 더욱 원만한 생활을 위해 동분서주 하면서 같이 비바람을 헤치고, 최대 시련을 최고 행복의 길로 이끌어냈다. 지금 우리 부부는 모두 퇴직금이 있고 아들 딸 셋은 모두 대학교를 졸업하고 각자의 일터에서 열심히 일하고 있다. 또한 모두 가정을 이루고 넓은 아파트에 살면서 차를 몰고 다니고 있다.

2015년부터 우리 부부는 일터에 다니는 생활을 끝내고 유람삼아 천진에 있는 딸집도 가보고 해구에 있는 딸집에도 가보고 동북에 있는 아들집도 가보면서 행복하고 유쾌한 생활을 하고 있다.

지금 내 나이 73살이다. 평생 삶에 대한 완강한 의지를 가지고 부단히 분투하면서 한 발자국 한  발자국 걸어 나오면서 느낀 점은 자기 앞에 비극이 닥쳐왔을 때 너무 슬픔과 고통 속에서 헤매지 말고 오늘의 비극은 내일의 행복이 될 수 있다는 신념을 가져야한다는 것이다. 용기와 결단과 의지력으로 새로운 길을 선택하고 한순간도 헛되이 쓰지 않고 열심히 일하고 대인 관계를 잘 처리하면서 올바르게 살아가면 행복은 꼭 찾아온다.

나의 여생은 더욱 아름다운 생활의 꽃을 수놓으면서 행복하고 유쾌하게 지낼 것이다.

**삶의 소중한 기회를 놓치지 말고 앞에서 잡아라.**

## 삶의 소중한 기회를 잡아라

최덕순

나는 1993년 6월 16일 길림성 매하구시에서 산동성 용성시로 이사했다. 친척과 친구들은 내가 무엇 때문에 공부하고 사업하던 근거지를 떠나 외딴 곳으로 가느냐 묻는다. 나는 후회 하지 않는다. 왜냐하면 이 길이야 말로 창업의 길이요, 나의 인생 삶을 바꾸는 길이기 때문이다.

내가 부대에서 퇴직하고 사회에 나와 활동하면서 깨달은 것이 있다. 인생길에서 돈의 경제적 독립이 될 때 사회적 독립과 인격적 독립과 정신적 독립이 가능하다. 경제적 독립이 안 되면 사회적, 인격적 독립과 정신적 독립도 어려워 진다는 것이다.

지금 내가 버는 돈으로는 생활 수요에 너무 차이가 많다. 앞으로 삶을 고려해서 새로운 창업의 길을 선택하려고 시도하고 있을 때 영성 부근에 있는 동생이 한국 술집을 차리고 나더러 도와달라고 했다. 자기는 사회 경험도 적고 각 방면의 능력도 형님보다 못하니 와서 뒷받침을 해달라는 것이다. 한동안 동생을 도와 한국 술집을 경영하게 되면서 시야가 넓어지고 변화에 대한 안목도 생겼다.

중국이 개혁개방 이후 동북내륙지구보다 연해 지구에서 창업할 조건이 더 많아졌다. 또 한국인들이 연해 지구에 와서 기업을 꾸리는데 언어가 통하지 않기에 중국어 한국어를 잘 통하는 대리인을 내세워야 했다. 이에 인재가 많이 필요하다는 것을 알았다. 그리고 용성시는 그 당시는 발전하지 못해 매하구시보다 못하지만 앞으로 고속도로 등 발전할 잠재력을 갖고 있다는 것을 예측했다. 그래서 이 기회를 놓치지 말고 빨리 영성으로 나와서 창업해야겠다는 선택을 했다. 영성에다가 한국 식당을 차리기로 하고 이 사업에 착수했다. 내가 설 자리를 찾고 할 일을 깨닫고 내가 갈 길을 발견한 것이다.

창업이란 간단한 것이 아니다. 식당을 시작하려면 많은 돈이 있어야 하는데 손에 든 돈이 모자라니 여기저기 다니면서 돈을 꾸어야 했다. 아는 사람이 없기에 문제 하나 처리하는데도 엄청난 곤란에 부딪쳤고, 물건 하나 사는 데도 혼자 여기저기 찾아다녀야 했다. 식당을 경영하는 지식과 경험이 없기에 하나하나 물어가면서 했다. 나는 생각했다. 남에게 가능한 것은 나에게도 가능하다. 나도 하면 된다, 세상에 안 될 일이 어디 있어, 기어코 나는 하고야 만다는 자존심과 자부심을 가지고 식당을 꾸려 나갔다. 그런데 식당을 시작한 지 며칠 되지도 않았는데 세무서에서 세금을 내라는 통지가 왔다. 나는 세무서 소장을 찾아가서 우리의 실제 정황을 말하면서 인내성 있게 설득해서 세금을 내지 않았다. 이 과정을 통해서 소장을 알게 되었고 그와 밀접한 관계를 갖게 되었다.

금방 차려 놓은 식당이어서인지 손님이 별로 없어 돈이 들어오지 않았다. 꾼 돈을 갚을 수 없어 조급한 마음에 불안한 감까지 생겨 아내가 식당을 걷어치우고 한국에 가자고 했다. 돈을 벌어 빚을 갚고 아들에게 남겨줄 돈도 장만해 놓자는 것이다. 나는 동의하지 않았다. 왜냐하면 지금 식당을 운영하는 것이 잠시는 곤란하지만 한국사람이 영성쪽으로 점차 많이 나오면 우리 식당으로 오는 손님도 점점 많아질 것이라고 생각했다. 영성시도 해변가이기에 빠른 속도로 발전하면 다른 일자리도 풀려질 것이다. 이 기회를 붙잡고 뻗어나가면 한국에 가서 버는 것보다 더 많은 돈을 벌 것이라는 것을 예측했다. 그리고 한국에 가서 벌어 온 돈으로 아들이 앞으로 살 돈을 마련하는 것보다 아들이 실천에서 재능을 길러 주는 것이 더 큰 돈벌이요 영원한 돈벌이지 돈을 벌어 아들 장래를 고려한다는 것은 보증성이 없고 도리어 아들의 앞길을 망쳐버린다는 논리로 반복적으로 해명하였더니 아내도 마음이 안심되어 나와 같이 계속 식당을 꾸려 나가기로 했다.

몇 달이 지나니 한국 사람이 점점 영성쪽으로 많이 왔다. 우리 식당에도 점점 많은 손님들이 오가게 되어 돈벌이가 제법 잘 되기 시작했다. 나는 내가 하는 일에 첫째는 애정 둘째는 긍지 셋째는 충성을 다 했다. 우리 부부는 아들을 데리고 아침 일찍 일어나 저녁 늦게까지 부지런히 일을 해서 빚도 갚고 가게를 하나 더 차렸다. 아내는 그제서야 당신이 앞일 방향을 잘 잡았다고 칭찬했다. 나는 기회를 잡고 더 좋은 기회를 만들려면 대인 관계를 잘 처리해야 한다는 것을 느끼었다.

대인 관계가 원만하기 위해서는 노력이 필요하다. 첫째, 남을 위해 열정적인 노력, 둘째, 문제를 처리할 때 참을 줄 알고 성심성의를 다해야 하고, 셋째, 겸손한 자세가 있어야 한다. 한국 분들이 중국에 와서 사업하다 언어가 통하지 않는 등 각종 원인으로 사업을 망치고 곤경에 빠지는 분도 있었다. 영성시에 조선사람치곤 한국말과 중국말, 문자에 능숙한 사람이 적어 곤경에 빠진 한국분이 자주 나를 찾아와 도움을 요청했다. 그때마다 나는 열정적이고 성심성의로 그들을 도와주곤 했다.

한국의 충청북도 동원석재 윤사장이 중국 위해에 있는 돌 공장과 합동 회사를 꾸려 나가다 페업이 되었다. 그때 못 받아 낸 돈을 내가 나서서 받아 주었고 한국식품 최사장이 회사를 경영하다 잘 안되어 아들에게 넘기고 그만 두려할 때 내가 나서서 회사가 계속 돌아 갈 수 있는 조건을 제시하면서 회사 운영을 정상화하도록 도와 주었다. 이런 일들이 계속되자 소문이 나면서 여기저기서 도움을 요청하는 분이 많아졌다. 그러자 우리 식당으로 몰려오는 손님들이 더 많아져 돈벌이가 더 잘되었고 가게를 또 하나 차려놓았다. 나는 식당 하는데서 만족할 것이 아니라 새로운 기회를 봐서 더 큰 사업을 하기로 했다. 식당은 아내와 아들에게 맡기고 연락처를 꾸리고 연락처 소장직을 맡았다. 이로부터 한국회사 사장들의 위탁을 받고 3개회사 대리 관리를 맡게 되어 중국각지와 한국을 다니면서 회사 일을 돌보았다. 나는 항상 열정적이고 겸손한 자세로 일을 처리해 나갔기에 회사 사장들의 믿음과 호평을 받아왔다. 나는 분주히 돌아다니면서 시간 가는 줄 몰랐다. 지금 생각해보면 풍족히 차려진 밥상보다도 이 풍족한 밥상을 위해 뛰던 순간순간이 더 행복 했던 것 같다.

내가 걸어온 길을 돌이켜보니 인생길에서 삶의 소중한 기회를 발견하면, 기회를 잡으려는 욕망을 가지고 기회를 놓치지 말고 용기를 내고 힘을 들여 활용하고 노력하여 사업성공을 이루는 것이 인생의 보람이요 참된 삶이라고 생각된다

사람들은 모두 부유해지기를 갈망한다. 그렇다면 어떠한 계획과 아이디어로 우리가 원하는 부유를 이룰 것인가.

## 창업하는 것이 부유의 길

김동현

나는 고중 일학년까지 공부하고 가정형편이 너무 곤란하여 공부를 그만두고 공장 학도공 일을 했다. 석 달이 지난 후 공업국에서 우수 학도공을 선반 공장에 보내어 1년간 실습을 시켰다. 나는 실습에서 3급 학도공이 되어 1962년도까지 공장에서 일했다. 1960년도에 아버지가 병으로 세상을 떠나셔서 우리 집 생활은 더 곤란해졌다. 어머니께서 나더러 집을 떠나지 말고 농사를 짓자고 하셔서 공장일을 그만 두고 집으로 와서 1963년에 결혼하고 아내와 같이 농사일을 했다.

1967년에 농업기술원직을 맡고 통화지구 농업연구소의 지도하에 농업기술혁신활동에 참가하면서 육상모재배에 성공하였다. 나는 육상모재배 실험을 하면서 각종각양의 형식으로 온도, 습도를 조절하며 토양, 질량을 분석하는 등 세심한 관찰과 반복실험으로 제일 잘 자라고 단위 생산량이 최고 숫자를 기록한 방법을 채택하여 생산대에 보급시켜 생산대 생산량이 큰 폭으로 증가시켰다. 육상모를 꽂아 놓으면 병이 잘 걸리지 않고 가지가 많이 치기에 생산량이 많이 증가되는 것이다. 길림성에 육상모재배기술을 보급시키기 위해 우리 생산대는 현장회를 여는 등 열성적으로 육상모재배기술을 보급시켰다.

1967년부터는 여러 가지 경험을 통해 농촌에서 농사를 위주로 하면서 다종경영을 해야 더 빨리 부유해진다는 것을 깨닫고 다종경영에 나섰다. 농기구 수리조립하는 공장을 꾸리기로 했다. 하지만 경제가 안 돌아가 공장을 지을 수 없었다. 결국 소를 밖에 몰아 내놓고 소양간에 기계를 설치하고 1967년 8월에 개업했다. 1년도 안 되어 투자한 금액을 다 회수할 수 있었다. 농기구 수리조립 경영이 잘되어 공장을 짓고 생산대사원들의 수입도 증가되니까 나의 위신도 올라갔다. 공장이 잘 돌아가니 생산대에서 공장을 확대 하겠다면서 공장을 대대로 넘어가게 했다. 나는 1971년부터 1982년까지 이 공장에서 일하면서 1년 순이익을 만 원 이상 내었다.

1983년 개혁 개방이 시작되면서 나 혼자서 농기수리조립공장을 꾸려 일 년 수입이 중국 돈 12만원 이상이 되었고 순이익은 4-5만원이 되었다. 나는 이렇게 번 돈을 봉사 활동하는데 기부하여 매하구 모범당원으로 당선되었다. 후에도 남을 돕는 일을 많이 했다. 화성학교 건설비용 3만원을 기부했고, 곤란한 학생 식비도 대주었다.

나는 더 많은 돈을 벌기위해 심천으로 나가기로 결정했다. 당시 심천은 개혁개방정책으로 새로 발전한 신도시로 국내외 사람들이 많이 오고가는 도시로 한국 사람들도 심천으로 나오는 숫자가 급속도로 증가했다. 그래서 한국식품판매를 하기로 하고 한국식품마트를 꾸렸다. 한국식품마트판매가 제법 잘되어 번 돈으로 심천에 아파트를 사고, 가정주방 공구들을 사들였다. 한국식품을 자력으로 제조하기로 하고 큰 딸을 한국에 보내어 한국의 떡 만드는 기술을 배우게 하였다. 그리고 한국에서 떡 만드는 기계를 들여와 기계화로 떡공장을 건립하였다. 한국인들이 진짜 한국 떡이라면서 소문을 듣고 찾아와서 사갔고, 중국 사람들도 결혼하거나 생일 환갑을 지낼 때 몇 십 근, 몇 백근씩 주문하는 등, 떡공장이 잘 되어 큰 딸도 아파트를 사고 차도 사는 등 부자가 되었다.

내가 걸어온 길을 되돌아보니, 생산대 농업기술원으로부터 시작하여 농기수리조립공장을 세웠고, 심천 한국식품마트를 차려, 딸을 지원하여 떡공장을 차려 재법 돈을 모으고 남에게 부자소리를 듣게 되었다. 이렇게 된 것은 세상의 변화에 맞추어 개혁개방정신으로 부단히 노력한 결과이다.

나는 남은 인생을 좀 더 뜻있게 사는 것이 마지막 목표이다. 그래서 2012년 자금을 투자하여 <복전 조선족 노년협회>를 건립하여 봉사하고 있다. 40여명의 노인들은 노년협회에 나와서 공을 치거나 윷놀이를 하고, 또 노래나 춤도 배우면서 남은 여생을 즐겁게 살아간다. 노인들의 웃음소리는 내 마음을 흐뭇하게 한다.

나의 노후생활이 충실하고 만족하다는 것을 느낀다. 이는 부단히 창업해온 결과이다. 돌아보면 나는 운이 좋아 세상의 변화를 잘 파악하고 또 발 빠르게 실천할 수 있는 행동이 오늘의 결과를 낼 수 있었다.

교육 사업은 가정의 희망과 나라의 희망이 함께 기대하고 있는 곳이다. 어떻게 교육 사업을 잘해서 인재를 배양할 것인가.

# 교육사업에서 얻은 인생의 가치는 무엇인가

김동호

동창과 친구들이 나에게 묻는다. 39년 동안 교육 일선에서 일하면서 얻은 인생가치는 무엇인가고? 이 물음에 나의 대답은 '제자들이 나에 대한 예우, 존중, 충성'이라 말했다. 제자들의 예우, 존중, 충성은 평생동안 교육 사업에서 부단한 노력 즉 나의 인성으로 이루어진 것이지 저절로 생긴 것은 아니라고 생각한다.

나는 1962년 6월 고중 졸업을 앞두고 신체검사에서 폐결핵으로 진단받아 대학시험을 참가하지도 못하고 고향으로 돌아왔다. 할 수 없이 학업도 포기하고 적극적으로 병 치료에 몰두하는 동시에 농업기술에 참가하여 농업기술자로 활약하였다.

그러던 중 1967년 3월 학교에서 민영교원으로 오라기에 나는 더 없는 기쁨으로 교육생애의 첫 발걸음을 디디게 되었다. 이 사업은 나의 신체조건에도 적합하고 부모님 곁에도 있게 되어 너무나 기뻤다. 아내도 적극적으로 교육 사업에 참가하라고 지지해 주었기에 큰 희망과 용기를 가지고 훌륭한 인민교사가 되리라 결심했다.

그러나 당시는 문화혁명 시기라 교육 질서가 없었고 난장판이었다. 당시 내가 있는 "행복학교"는 소학 5년, 중학 2년으로 7년제 학교였다. 그때 교육방침은 반공반독(반은 일하고 반은 공부함)으로 교육은 생산노동과 결합해야 한다고 하여 오전은 수업하고 오후에는 노동생산에 참가했다. 선생님들도 오전에는 교학하고 오후는 생산노동에 참가했다. 상급에서 학교에는 생산기지가 있어야 한다고 하여 공장을 꾸리기 시작했다. 우리학교도 마찬가지로 공장을 꾸렸다. 그리고 논농사, 양어장, 과수원도 꾸렸고 약초도 심었다. 정말로 반공반독 학교였다.

1975년부터는 나는 학교의 책임자로 있으면서 수업과 공장을 경영하는 두 가지 사업을 모두 잘하려니 무척 힘이 들었다. 일요일도 없었고 언제나 저녁 늦게야 집으로 돌아왔다. 여러 차례의 실패와 성공을 거듭하면서 학생들과 분투한 결과 공장 경영도 잘되었다. 그래서 학교 운영하는 모든 경비를 자체로 해결하였다. 우리학교는 현, 지구, 성에서부터 반공반독의 우수학교로 지정 되었던 것이다.

그런데 당시 아쉬운 것은 지식분자 가치가 떨어진데다가 대학입시도 없고 하다 보니 학생들이 공부하려는 자부심과 적극성이 없었다. 대학생을 배양하려는 염려도 없게 되었다. 참으로 안타까울 따름이었다.

이렇게 10여년 허송세월 보내다가 문화혁명이 결속되고 학교도 정상적인 궤도로 차츰차츰 되돌아오기 시작하였다. 나에게도 기회가 오기 시작했다. 1978년 10월 "연변 대학 함수부" 입학하였고 5년간의 수업을 거쳐 우수한 성적으로 1983년 11월에 39

세로 졸업하여 떳떳하게 졸업장을 땄다. 당시 결혼하여 아이 셋을 키우면서 늘그막에 공부한다는 것이 쉽지 않았다. 그러나 나는 자기가 진정으로 인류 영혼 공정사가 되려면 교육 사업에 대한 불타는 열정만 있어도 안 되고 꼭 자기 지식수평도 따라 가야 된다는 것을 명심하고 갖은 곤란을 극복하면서 학습을 면려했다. 그리고 아내도 자기가 고생하면서 기른 돼지까지 팔아서 대학 공부하는데 지불해주면서 고무, 격려 해주었기에 5년간의 수업을 원만히 완성할 수 있었다. 이는 이후의 교육 사업을 더 잘할 수 있는 바탕으로 되었고 나의 인생길에서 새로운 출발점이 된 계기로 되었다.

대학수업을 마치자 정식교원이 되었다. 나의 수평과 능력으로 행복소학교에서 매하구 중학교로 발령받았다. 새로운 사업터에서 새 출발을 하게 되었는데 책임은 무거워졌고 부담도 많았다. 중학교로 전근되자 60여명 되는 학생을 맡아 반주임을 맡게 되었다. 나는 선뜻 이 임무를 맡고 충실히 완성하리라 결심하였다. 당시 나의 집은 학교에서 10여리 떨어진 곳에 있었다. 그러나 겨울엔 매일 새벽 6시에 일어나서 반급교실의 화독을 피어 놓고 학생을 기다렸고 저녁 9시까지 저녁 자습을 지도하다가 집으로 돌아갔다.

나는 학생들에게 사람이 살면 지혜롭게 살아야 하는데 지혜는 많이 배운 지식에서 나오고 지식은 배움에서 얻는다면서 어려서부터 공부를 잘해야 한다는 욕망과 용기를 심어주어 반급학생들로 하여금 학습 열기를 일으켜 반급 학생성적이 학교에서 1등이 되었다.

이렇게 3년 동안 매일 같이 학생들과 열심히 노력했기에 모두 중학교까지 졸업시켜 고중에 입학시켰다. 오늘까지도 이 반급의 학생들은 나를 잊지 않고 고맙게 생각하면서 그리워하고 있다.

학생들의 사랑스러운 모습을 볼 때마다 교육 사업에 대한 애착심이 더해졌고 우수한 교원이 되려는 염원도 더 굳어졌다. 이 반급을 졸업시키자 학교 지도부에서는 고중학년의 교학을 담당하도록 안배하였다. 동시에 고중 일학년 4개 반 200여명 학생을 맡아달라고 하였다. 이는 나에 대한 학교 지도부의 믿음이라고 생각했다. 때문에 나는 큰 결심을 갖고 사업에 모든 정열을 기울였다.

당시 학교에서는 3년간의 노력을 거쳐 대학 본과생 100명을 합격하도록 요구했다. 당시 우리학교는 매년 50여명의 대학생 입학률이 60% 좌우였다. 나는 "학년제"의 특점에 근거하여 학생들, 학부모들과 긴밀히 연계하여 3개 관점 즉 자신을 믿고 자신을 강하게 하고 자신이 꼭 승리한다는 자존심과 자아 분투하는 용기, 자아 실천하는 신념을 가지게 함으로서 학생들의 학습 적극성을 최대로 불러 일으켰다. 학생, 교사, 학부모가 한 덩어리가 되어 새벽 5시부터 저녁 10까지 일요일이나 방학에 휴식도 마다하고 열심히 뛰었다. 3년간의 분투결과 124명 학생이 대학 입학통지서를 받게 되었다.

학교역사 이래 처음 되는 기적이었고 전교는 경사가 났다. 학교 지도부에서는 더 없이 만족해하였고 학부형은 너무너무 반가워했고 기뻐했다. 학생들은 눈물을 흘리면서 선생님을 부둥켜 안아주면서 고마워했다. 당시 나는 더 없이 행복했고 즐거웠으며 크나큰 보람을 느꼈다. 나는 더욱더 힘낼 것을 결심하였고 더 큰 성적을 거둘 것을 다짐했다.

나의 꾸준한 노력으로 수차례나 교육국, 현 지구의 선진 교원으로 되었고 우수 교사로 선정되었으며 1995년에는 "길림성 우수교사"의 명예까지 받았다. 1987년에는 중학교 1급 교사로 2000년에는 중학교 "고급교사"의 직함도 갖게 되었다. 소학교에서 15년, 중학교에서 22년, 퇴직 후에 2년, 39년의 교원 생활은 내 인생의 전부였다. 나는 교육 사업을 학생들의 욕망, 가정 부모들의 희망, 나라의 희망을 실천하는 광영한 사업으로 이 사업을 열애했고 학생들을 자기 친동생 한 집 식구처럼 여기면서 그들에 대한 뜨거운 사랑과 불타는 열정, 충성을 다했으며 부단히 학습하여 자기 업무수평을 제고해서 학생을 배양하는데 일체를 바쳤던 것이다.

그동안 한해 또 한해 졸업생들을 떠나보냈던 그 즐거움 그때가 그립기만 하다. 그들이 청화대학, 북경대학, 인민대학 등등 최고학부의 입학통지서를 받아 안고 선생님을 찾아 왔을 때의 그 기쁨, 즐거움 지금도 눈앞에 생생하다. 지금 그들이 박사생, 연구생으로 전국 방방 곳곳에서 사업가가 되어서 훌륭한 업적을 거두고 그 기쁜 소식을 보내 올 때마다 더 없이 기쁘고 자랑스러울 따름이다. 퇴직한지 10년이 넘었지만 수시로 명절마다 교사절마다 안부, 문안 전화며 인사의 축하의 메시지를 받는 기쁜 마음, 즐거운 심정은 말할 수 없다.

어떤 사람들은 또 나에게 이렇게 묻는다. 무엇 때문에 제자들이 동호 선생님을 사랑하고 존중하고 충성하는가. 내 생각은 내가 학생들에게 모든 열정과 충성을 다했기 때문이라고 본다. 나의 열정과 충성으로 그들이 성적을 따내어 출세하여 직업 선택, 배우자 선택, 인생관 선택에 커다란 도움을 준 것이라고 본다. 그들의 동창모임에도 초대받아 북경, 대련, 항주 그리고 한국 서울에까지 가서 참석하여 함께 기쁨을 나누었다. 바로 내 인생의 가치가 여기에 있다고 생각한다.

## 雜詩

도연명 陶淵明

人生無根체　인생은 뿌리도 꼭지도 없으니
飄如陌上塵　들길에 날리는 먼지와 같은 거다.

分散逐風轉　흩어져 바람 따라 굴러다니니
此已非常身　이것이 이미 불변의 몸뚱아리 아니지.

落地爲兄弟　태어나면 모두가 형제가 되는 것
何必骨肉親　어찌 꼭 한 핏줄 사이라야 하랴.

得歡當作樂　즐거울 땐 응당 풍류 즐겨야 하니
斗酒聚比隣　한 말 술로 이웃과 어울려 본다네.

盛年不重來　한창 나이 다시 오는 거 아니고
一日難再晨　하루에 두 새벽이 있기는 어려워.

及時當勉勵　늦기전에 면려해야 마땅한 거야
歲月不待人　세월은 사람을 기다리지 않으니.

사람은 스스로 자신의 재간을 키워야 훌륭한 사업을 개척할 수 있고 큰 성과를 이룰 수 있다.

# 미술과 나

원용관

나에게 미술은 나의 취미이자 동반자며 분투 목표요. 사업을 개척하는 길이 되었다. 어릴때부터 나는 그림책에 혼이 빠져 한 끼를 굶더라도 새로운 그림책을 꼭 사고야마는 성격이었다. 세월이 흘러 나의 서재에는 수 백 권의 그림책이 쌓여 있었는데, 대부분 고전 문학에서 나오는 삼국연의, 수호전, 서유기, 유림외사, 양가장 등의 그림책이었다. 어려서부터 그림 그리기를 좋아하던 나는 본능적으로 그림책에 나오는 인물들의 형상을 그리고 또 그렸다. 나의 숙소 벽에는 재갈량, 관운장, 송강, 양업, 악비 그리고 모택동 인물들이 전시되어 있다.

초중 1학년부터 고중 졸업 때까지 미술 과대표로 학급의 벽보 그리기와 절일활동의 각종 장치를 담당하였다. 주동적이고 헌신적으로 자신의 노력을 다하였다. 대학시험을 앞둔 총 복습 기간에도 동학들과 선생님들의 요청에 초상화나 산수풍경이며 활짝 핀 연꽃, 이슬 맺힌 목단화를 그려 선물로 주었다. 고중 졸업 싸인책에는 선생님들과 동학들이 이구동성으로 장래의 화가라는 축원의 내용뿐일 정도였다.

1963년 사범학교를 졸업한 나는 통화시에 배정 받았는데 당시 문화혁명이 시작되었다. 학생들은 홍위병에 가담하여 대자보를 쓰고 당권파를 투쟁하는 열기가 일어났으며 선생님들은 교학이 정지되었으니 크게 할 일이 없었다. 그러나 나로 말하면 제일 바쁜 사람으로 된 것이다. 매일 홍위병들의 지시에 따라 통화거리의 아스팔트길과 고층 건물의 벽마다 큰 글자 쓰는 일을 했다. 당시 홍위병 사령부가 여러 곳이 되어 이 사령부에서 한 가지 일이 끝나면 또 다른 사령부 요청을 받아 그리로 가서 요구대로 글을 써야했다.

문화혁명 말기 나는 평등학교로 발령 받았다. 당시 교육은 무산계급 정치를 위해 복무하고 생산노동과 결합하는 것이 교육방침이었다. 형세의 수요로 현 교육국에서는 전성의 전형 인물인 해룡 오칠중학교 교장 왕성립 전람관을 꾸리는데 나를 파견하여 나는 그 곳에서 반년이 넘도록 그림을 그리고 모형을 만들며 문자를 박아 넣고 장식을 하는 일들로 날을 보냈다. 오칠중학교의 전람이 끝나 집으로 돌아오는 줄 알았는데 다시 통화지구의 교구창작 전람관을 꾸리라는 임무를 받게 되었다. 6개월이라는 시간의 노동을 거쳐 성공적인 결말을 보게 되었다.

평등중학교는 해룡현 조선족 중학교에서 분교하여 나온 농촌 조선족 중학교였다. 행정과 업무상에서는 교육국의 지도를 받았지만 학교를 꾸리는 면에서는 빈하중농의 재교육을 받는 정책에 의하여 평등 대대의 직접적인 지시를 받아야 했다. 그러므로 대대의 요구에 따라 평등 공예 미술창을 꾸리게 되었는데 주요 산품은 나무껍질로 풍경화를 만드는 공장이었다. 나무껍질의 재원은 홍기광산의 목재창이었는데 학교에서 멀지 않은 곳에 있어 편리하였다. 생산한 산품은 물자국과 전진공급소를 통하여 상점으로 나가게 되니 큰 문제가 없었다. 생산 대대에서는 미술창으로 큰 돈을 벌지 못하자, 항목을 바꾸어 대대 풍기창에 공인들을 데리고 록수하로 떠나게 했다. 나도 따라 가게 되었다.

지금까지 내가 흥취를 가지고 있는 글쓰기, 그림 그리기 사업을 계속 해왔지만 환경의 변화로 그림 그리는 사업이 위기를 맞게 되었다. 그 때 록수하 림업국에서 오백립방의 기름 저장고를 건립하는데, 건립비가 1만 8천 9백원에 달했는데 두 달 만에 완성하였고, 길림시 소방대에서 4톤짜리 보일러를 만드는데 제조비 1만 8천원으로 두 달 열흘만에 완성하였다.

1980년 6월 학교에 돌아와보니 몇몇 선생들이 연변대학 입학 준비를 하고 있었다. 나도 대학 졸업이 탐이 났으나 미술 배우는 학과가 없어서 연변대학 정치계 5년제에 응시하여 입학 통지서까지 받게 되었다. 5년이라는 시간을 거쳐 12개 고시 과목과 6개의 고찰 과목을 우수한 성적으로 졸업장을 받았다. 정치계 공부하면서 시간을 내어 그림그리기에서 손을 떼지 않았다. 어머니는 공부를 하면서 또 무슨 여력으로 그림을 그리냐 묻곤 하였다. 이 말이 지금도 귀에 생생하다.

1982년 하반기 해룡현 교육국에서 내가 가지고 있는 그림 그리는 재질과 지금까지 취득한 성과에 의해서 해룡사범학교 미술 교원으로 이동한다는 통지서가 왔다. 해룡사범학교는 4년제 중등전업학교로서 45명을 한 개 반으로 매년 4개 반 180명을 도집하는데 통화시에 속하는 6개시 현에서 모집한 한족사범학교였다.

명분은 미술교원으로 들어왔지만 1983년에 모집하는 학생이 들어와야 정식으로 상과를 시작하게 되는 상황이라 잠시 교무실에서 시간표나 작성하고 교사들의 출결석을 관리하는 간사공작을 하게 되었다.

1983년 여름방학에 성으로부터 동북사대에다 전성사범학교 미술교원들의 진수를 안배했는데 학교에서는 나에게 진수반에 참가하라는 지시가 내렸다. 이것이야말로 좋은 기회였다. 한 달이라는 짧은 시간이었지만 인상소묘로부터 인체 소묘에 이르기까지 도안의 설계와 응용 그리고 색체의 사생으로 미술이란 도대체 무엇인가를 더 깊이 깨닫게 되었으며 지난 날 미술에 대한 나의 부족을 알게 되었다. 미술에 대한 새로운 희망과 포부를 갖게 되었다. 그때 바로 내 나이 40살이었는데 늦었다고 한탄하지 않고 새로운 미술의 길을 펼쳐 나갈 것을 다짐했다.

이때부터 나는 시간이 아깝고 큰 보람 없이 흘러 보낸 세월이 몹시 후회되었다. 소묘 훈련을 하면서 한 달에 연필 50자루가 모자랐으며 4절 소묘지 60장이 남지 않았다. 지금 생각하면 어디에서 그렇게 큰 열정이 생겼으며 어떻게 그런 의지가 나타났는지 나도 모를 지경이었다.

1985년 6월 동북사범대학 미술계에서 입학생을 모집한다는 문건이 내려왔다. 이것은 전국 범위 내에서 역사적으로 제일 처음으로 미술 입학생을 모집하는 것으로서 전국 각지에서 모여들었다. 문화과 시험은 어문, 수학, 지리, 역사, 정치 5개 과문을 치르며 전공과 과목은 소요와 색채 두 개의 사생으로서 각각 4시간에 완수해야 했다. 시험 장소는 장춘시에서 10개 구역으로 나누어 졌는데 응시한 학생이 3만 명을 초과했다.

그 중 문화과 점수가 규정된 정도에 합격된 조건하에서 전공과 성적을 순서대로 배열하여 100명을 모집하는 것이었다. 시험을 치르고 조마조마한 심정으로 1개월 반을 기다리는데 몹시 안달이 났다. 다행히 합격이었다. 입학 통지서를 받아드는 순간 기쁨의 눈물이 절로 쏟아져 내렸다. 정작 학습에 들어서니 부담도 적지 않았다. 일 년의 학비가 600원이었는데 나의 반년 월급이 들어가야 했으며 미술용품이며 차비, 숙비 등 경제문제가 생활의 압력을 가했지만 빚을 지더라도 학습하려는 결심을 막지 못했다.

1987년 7월 색채 사생을 료녕성 창해현 장자진으로 가서 하게 되었는데 대련에서 륜선을 타고 8시간 가면 장자도에 도착하게 된다. 그곳에서 20일간 바다를 그리고 파도도 그렸으며 어선도 그렸다. 하루에 빵 세 개와 더운물로 끼니를 떼웠지만, 생활이 그렇게도 유쾌하고 흥미진진했던 것이다.

1988년 4월 15일 졸업창작을 위하여 돈황천불동으로 고찰을 떠났다. 많은 동학들은 운남의 서장빤나와 사천의 아바등 명승지로 떠났지만 나만은 여술의 보장인 돈황막고굴 구층탑을 선택한 것이다. 먼저 서안에 도착하여 진시황묘와 화청사를 돌아보고 함양에서는 오적천의 무자비며 곽거병의 무덤을 들어가 보았다. 화산에 올라 구름우의 정경도 감생해보았다. 그 다음으로 들린 곳은 란주였다. 란주에서 이틀을 묵었는데 5천산의 돌부처가 나의 기억 속에서 좀처럼 사라지지 않았다. 검은 돌로 깎아 만들었는데 일반 노인의 체구에 앉은 모습이며 두 손을 합창하고 염불을 하는 형상이었는데 그 주위로 찬란한 빛이 뿌려 나옴을 느꼈다. 내가 숙박한 곳은 개인 여관이었는데 여관집 주인에게 초상화를 그려 주었더니 여관비와 식비를 끝내 받지 않았다.

란주에서 기차를 타고 33시간 만에 류원에 도착했다. 류원에서 돈황시까지는 다시 버스를 타야했다. 돈황에서 천불동까지는 10리길인데 오고가는 차가 수시로 있어 편리하였다. 돈황석굴의 구층탑에 오르니 앞은 화염산의 돌들이 타는 듯하고 뒤에는 끝없는 사막으로 멀리 낙타상인들의 행렬이 보였다. 구층탑은 한 개의 부처 석상을 감싸고 지은 외각일 뿐 실은 부처의 보호막이었다. 천불동은 크고 작은 동굴이 근 천개가 되였지만 실상 사람이 들어갈 수 있는 곳은 백 개를 넘지 못했다. 그러나 관리국의 특수우대를 받아 54개 동굴을 들어가 볼 수 있었다.

수천 년 동안 갖은 풍상고초를 겪었지만 벽화의 색채가 그렇듯 생생하고 금시 그려 놓은 듯 눈부시게 아름다웠다. 광석을 갈아 색깔을 만들고 돌을 다듬어 부처를 만든 옛사람들의 지혜에 탐복하지 않을 수 없었다.

돈황을 떠나 곽양의 목단화를 감상하고 숭산에 올라 소림사의 향불도 태웠으며 정주에 들려 "2.7"기념탑을 구경하였다. 남경의 장강대교에 올라 사진도 찍고 중산릉에 들려 손중산의 침상에 묵도도 드렸다. 중국의 4대 불교의 하나인 구화산에 오르는데 버스에 앉아 아슬아슬한 절벽을 아래로 내려다보며 굽이굽이 감돌아 구름을 뚫고 한 시간을 넘게 올라 구화진에 도착하니 식당도 상점도 모두 중들의 세계였다.

구화산에서 내려 태평호를 건너니 황산이었다. 황산을 보고나면

천하명상도 볼맛이 없다더니 그 말이 허언이 아니었다. 탕주를 거쳐 상해에서 륜선을 탔는데 42시간만에 대련에 도착했다. 집을 떠나 43일 만에 여행이 끝났고, 소모한 비용이 800원을 초과했다. 돈을 많이 썼지만 나의 미술업무에 큰 도움이 되기에 돈 쓰는 것이 아깝지 않았다.

졸업전시회에서 "돈황석굴의 꿈"이라는 제목으로 유화를 그렸는데 93점의 성적으로 일등상을 받았다. 4년간의 노력으로 중국고대 미술사, 서방미술사, 예술개론, 해부학, 투시학, 공예 중국화 소묘, 색채 등 12개 과목을 우수한 성적으로 졸업을 하게 되었다.

고등학교의 문을 나서는 것은 본업에서 보다 더 큰 성과를 이루는 바탕이 되었고 기초의 연마는 창작을 위한 조건을 마련하는 것이다. 나는 배운 것과 실제를 결합하여 부단히 창작사업에 나섰다. 1999년 국경 50주년 전시회화 전람에서 "선달의 눈"은 금질장을 받았고 매하일보에 발표되었다. 수채화는 길림성 정품 화전에서 우수상을 받았으며 2000년에 출판한 통화 서화가 작품집에 발표되었다. 수채화 "농한기의 소"는 통화시 서화 전람에서 은질장을 받았다. 수채화 "瑞雪"은 2001년에 출판한 매하구 서법 미술작품집에 수록되었다.

다년간의 미술교학 사업에서 미술인재를 발굴하고 배양하여 고등학교로 보내는 것을 보람으로 여겼으며 20여년간 미술학원으로 보낸 제자가 29명이다. 그 중 공예 미술학원 교원, 일본으로 출국, 심양사범학원 고급강사 장춘시 직업대학 교원 등 고급 인재를 배양했다. 나의 업적과 기능으로 길림성 미술협회 회원이며 통화시 미술협회 이사로서 통화 사범학원 분원의 고급 강사로

2000년에 퇴직하였으며 퇴직 후 요청으로 2010년까지 조선족 직원 고중에서 미술교학을 담당했다.

내가 걸어온 길은 미술에 흥취를 가지고 부단히 노력하여 미술의 재능을 키워 인정받고 받은 인정으로 더 좋은 작품을 창조하여 미술의 기능을 좀 더 발전시켜 더 큰 업적을 따 낸 것이다.

**楓橋夜泊**

장계 張繼

月落烏啼霜滿天
달 지고 까마귀 우는 으스스 추운 늦가을

江楓漁火對愁眠
강교와 풍교의 어선 불빛을 보며 잠을 못 이루네.

姑蘇城外寒山寺
고소성 저 멀리 한산사의 자정 범종 소리

夜半鐘聲到客船
배에 누운 나그네 귀에 은은히 들려오네.

**인생길에서 직업 선택은 중요하다. 그러나 어떤 사람은 고난에 부딪쳐 직업을 경솔히 포기하는 사람도 있다.**

## 선택을 지키는 의지와 능력이 중요하다

강인규

1960년 때 우리 가정 식구는 할머니, 아버지, 어머니, 나와 여동생 다섯, 남동생 하나 총 열 식구였다. 아버지와 어머니가 농사를 지어 자식들을 다 공부시키려니 가정생활은 엄청나게 곤란하였다. 1962년 나는 해룡이중 고중을 졸업하고 가정생활이 어려워 7남매 중 맏이로서 동생들을 공부시키기 위해 대학갈 생각도 못하고 집에 돌아와 부모와 같이 농사일하기로 결정했다. 집에 돌아온 이튿날부터 생산대 노동에 참가 했는데 제초기 미는 일이었다. 처음하는 일인지라 힘든 줄 모르고 쉴새없이 재미있게 열심히 제초기를 밀었다. 이튿날 오전에도 계속 제초기를 밀었는데 점심에 집에 도착한 지 얼마 안 되서 갑자기 코피가 터지는 것이었다. 아마 처음 힘든 일을 한 탓일 것이라고 생각하면서 동요하지 않고 계속 제초 노동과 논두렁 깍기, 소꼴베기 등등 여러 가지 일을 했다. 내가 열심히 생산 노동에 참가하고 있는 어느 날 대대 당지부서기께서 나를 찾았는데 그 뜻은 소학교 교원이 부족하니 임시교원으로 들어 가라는 것이다. 나는 뜻 밖의 말을 듣고 한참 생각해 보았는데 고중까지 졸업했으니 소학교 선생이야 능히 할 수 있다는 진심을 갖고 하겠다는 답복을 했다.

임시교원으로 있으면서 내가 가르친 학생들이 글을 배워 하루 하루 달라지는 모습을 보니 마음이 기뻤고 또 학부모들이 아이들에 대한 기대와 큰 희망을 갖고 있는 것을 보니 가정의 희망, 나라의 희망이 학교에 있다는 것을 느끼게 되니 이 사업의 중대성과 책임감을 가지게 되고 삶의 가치를 맛 보게 되었다. 그러나 조금 버는 돈으로 가정 곤란을 해결할 수 없기에 대대서기 안면을 보아서 하던 교원을 걷어치우려는 생각을 버리고 교원 직업을 선택하게 되었다. 1년 후 현 교육국 추천으로 길림시 조선 중학교에 설립한 1년제 사범반에서 1년간 중등사범 교육을 받고 1964년 7월에 이통현 동첨공사 성광 소학교에 분배 받았다.

선택한대로 정식 직업을 찾았지만 많은 난관의 곡절을 겪어야 했다. 첫 번째 부딪친 난관은 생활 난관이었다.

내가 배치 받은 성광 소학교는 집에서 멀리 떨어져 있는 이통현이기에 집을 떠나야 했다. 나는 지정한 날에 이통현 교육국에 보도했는데 마침 학교 교장선생님이 마중 나오셔서 나를 반갑게 접대하였다. 나는 그날부터 교장선생님의 주택에서 숙식하면서 출근하였다. 두 주일이 지난 어느 날 나는 더는 교장선생님의 신세를 질 수 없어 대대 당지부서기를 찾아 기숙할 의향을 제기했다. 서기께서는 한참이나 생각하시더니 마땅한 집은 있지만 선생님의 월급으로 한 달 생활비를 내면 얼마 남지 않을 것이니 기숙은 불가능하고 방법은 학교 숙직실이 있으니 거기서 기거 할  수밖에 없다는 것이다. 그리하여 별 수 없이 동의하고 학교 숙직실에서 밥을 해먹고 자기로 했다.

그때까지 어머니가 지어준 밥과 학교 식당에서 주는 밥만 먹고 지내온 나로서는 밥을 어떻게 짓고 반찬을 어떻게 만드는지 한 번도 해보지 않은 일인지라 걱정이 태산 같았다. 그러나 학교책임자와 여성 선생님들의 지도하에 다행히 내 손으로 밥도 짓고 반찬도 만들어 먹으면서 하루하루 끼니를 이어 갈 수 있었다. 이렇게 일 년을 넘게 지내다가 그 동안 사귄 친구 집을 택하여 식사 문제를 해결함으로써 좀 더 많은 시간을 짜내어 교학준비와 학생 보도에 심혈과 정혈을 퍼부었다. 이렇게 해서 학교 모범교사 상장을 수여 받았다. 나는 학생들이 나에게 하는 말 "선생님, 우리를 가르치시느라 너무나 심려하셔요."를 들을 때 혹은 내가 가정 방문할 때 학부모들이 고개마루까지 바래 주는 모습을 볼 때 인생의 가치가 어떻게 생기고 삶의 보람이 무엇인지 더 깊게 느꼈다. 나는 좀 더 편안히 생활하면서 정력을 몰두하여 교육사업에 노력하기 위해 1967년 12월 26일 당시 내가 사귀던 처녀와 결혼하고 대대 당지부 서기 뒷 방을 얻어 삶을 꾸렸다. 비록 방 한 칸이지만 가정을 이뤄 입을 걱정 먹을 걱정 없이 행복했으며 마음 놓고 교육 사업에 이바지 하게 되었다.

그런데 가정 난관이 내 앞을 찔렀다. 2년 전부터 아버지의 건강이 좋지 않아 료원병원, 심양병원 등 크고 작은 병원을 다녔지만 효과는 보이지 않고 점점 엄중해졌다. 아버지 병이 악화되니 농사일을 할 사람이 없게 되었다. 할 수 없이 1969년 초봄에 처와 딸을 고향 집으로 이사 시켰다. 이렇게 되니 나 혼자 외톨이 생활을 근 1년 했다. 직장을 고향으로 옮기려 했으나 고향 학교에 자리가 없어 이동이 되지 않았다. 별 방법 없이 외지에서 마음고생만 했을 뿐 아버지를 돌볼 수가 없자 고향에 계시는 삼촌이 돈을 꿔서 심양 병원까지 모셔 병을 보였다. 여름 방학에 집에 가서 병석에 누워 계시는 아버지의 초라한 모습을 하염없이 바라보는 순간 애달픈 생각이 들었다. 아버지께서 우리 7남매를 키우고 공부시키느라 평생을 고생했지만 자식들의 덕을 못보고 인생을 끝마친다면 얼마나 가슴 아프고 슬픈 일인가. 이렇게 생각하니 교사를 걷어치우고 지금이라도 병석에 계시는 아버지를 돌볼까하는 생각이 북받쳐 올랐다. 그러나 자기 직업을 선택하고 중도에 포기할 수는 없다는 신념으로 북받쳐 오르는 마음을 누르고 공사 교육부분 책임자를 찾아 딱한 사정을 말하면서 집근처로 이동해 줄 것을 요청했다. 그리고 조급한 마음으로 교육국을 드나들었지만 연말을 기다려야 된다면서 이동을 허락하지 않았다. 연말이 되어서야 공작 조동허가서가 왔다. 내가 공작 이동 통지서를 받고 집에 도착했을 때는 아버지께서 집에 계시지 않았다. 공사병원에 입원하여 간경화 후기로 혼미상태에서 깨어나지 못하여 돌아온 아들을 알아볼 수 없었다, 나는 주치의를 찾아가 어떻게 해서라도 아버지로 하여금 혼미상태에서 깨어나도록 힘써달라고 신신당부를 했다. 그러나 병세는 점점 엄중하여 더는 지탱할 수 없었다. 나는 너무나도 안타깝고 원통하여 아버지 어깨를 흔들며 "아버지 나 왔어요. 인규 왔어요."라고 몇 번이나 크게 외쳤다. 순간 기적이 발생했다. 아버지는 두 눈을 뜨시고 눈동자를 움직거리더니 삽시에 두 눈에 눈물이 주르륵 흐르는 것이다. 눈물, 이 눈물이야말로 그렇게 기다렸던 아들이 왔다는 신호이고 왜 이렇게 늦었느냐는 질책이 아니겠는가. 이렇게 아버지는 눈을 뜬 채로 눈물로 운명하시고 나는 눈물로 아버지를 추모했다. 나는 이 눈물로 아버지께 효도하지 못한 불효자식이라 통탄하게 되었다.

세 번째 난관은 업무 난관으로 나를 분발시켜 더 배우고 자아 실천으로 형세 발전에 적응하면서 자기 선택한 직업에 충성하였다.

내가 통풍현 선광 조선 소학교에 이동된 후 얼마 있지 않아 중학반이 들어서게 되어 중학교 교학을 해야 했다. 이전보다 더 높은 업무 수편이 있어야 했다. 형세 발전에 적응하여 사업을 해나가려면 내 자신의 지식을 한층 제고해야 했다.

이를 위해 1978년 연변대학 조문계 본과 학습을 시작했다. 5년 동안 교학을 하면서 시간을 짜내어 학습하고 밤늦게까지 학습하며 방학 때는 면대면 수업을 하고 시험을 치러야 했기 때문에 하루도 쉴 새 없이 바쁘게 보내야 했다. 드디어 1983년도에 졸업하게 되었다. 나와 같이 공부하던 분들 중 중도에 떨어져 나간 분도 있다. 시험 쳐서 두 번 합격하지 못하면 자격을 취소하기에 정신압박도 크거니와 삶이 너무 긴장하게 되어 대학 본과 졸업증을 따낸다는 것이 이만저만 어려운 일이 아니었다. 나는 자기 직업을 진귀하게 여기고 자기직업에서 다른 사람보다 못지 않는 자리에 오른다는 욕망심이 불타올라 하루도 빠짐없이 학습에 노력했다. 졸업장을 들었을 때 나의 심정은 너무너무 기뻤던 것이다. 학습과 실천을 통해 나의 업무 수평이 높게 평가되어 1980년 1월에 동풍현 조선중학교로 조동되어 고중 1학년 조선 문학을 가르쳐서 중학 1급 교사 진급하게 되었다.

그런데 운이라 할까 질병이 나의 길을 가로 막았다. 1987년 불행하게 방광암병에 걸려 치료하다 장춘성 병원에 가서 수술을 받았다. 암은 생명이 위험한 병이다. 나는 죽을 날이 멀지 않았다는 것을 각오했다. 그러나 죽는 날까지 교육전선에서 물러서지 않을 것을 다짐했다. 이것이 나의 목표요. 나의 신념이었다. 학교에서는 나더러 집에서 휴식하라 했으나 나는 교단을 떠나기 싫었다. 자기가 사랑하는 직업을 떠나 산다는 것이 아무런 삶의 가치가 없는 것이다. 수술 후 계속 치료하면서 교학을 견지했다. 생각과 달리 나의 신체 건강은 점점 회복되고 수술 후유증도 없었다. 그래서 나는 32년 교육계 근무를 하다가 1994년 퇴직했다. 내가 32년 동안 교편을 잡고 있을 수 있던 것이 자기 직업에 긍지를 가지고 다가 온 생활 난관, 가정 난관, 업무 난관, 질병 난관을 헤쳐 나가면서 꿋꿋하게 견지하고 또 견지 했기에 오늘 이 자리에 서게 되었다.

## 觀書有感 二首

주희 朱熹

| | |
|---|---|
| 半畝方塘一鑑開 | 조그만 네모 연못이 거울처럼 열리니 |
| 天光雲影共徘徊 | 하늘 빛과 구름 그림자가 그 안에 떠 있네. |
| 問渠那得淸如許 | 무엇일까? 이 연못이 이리 맑은 까닭은? |
| 爲有源頭活水來 | 샘이 있어 맑은 물이 흘러오기 때문이지. |

| | |
|---|---|
| 昨夜江邊春水生 | 지난 밤 강가에 봄물이 불어나니 |
| 蒙衝巨艦一毛輕 | 거대한 전함이 터럭처럼 떠올랐네. |
| 向來枉費推移力 | 이전엔 힘을 들여 옮기려고 애썼는데 |
| 此日中流自在行 | 오늘은 강 가운데 저절로 떠 다니네. |

**대인 관계는 반드시 신중해야 한다. 타인은 물론 자신의 인생에도 지대한 영향을 주기 때문이다.**

## 지난 생활에서 이루워진 대인관계

진복영

대인 관계는 인간 생활에서 없어서는 안 될 것이고 시시각각 모두 부딪치는 문제이고 꼭 해결해야 될 문제이다. 왜냐하면 인간은 사회적 동물이므로 사람들과 부단한 상호 작용을 통하여 삶이 형성된다. 사람들을 떠나서 내가 존재 할 수 없다. 내가 존재한다면 꼭 사람들과 관계가 있다. 사람은 대인관계 속에서 살아간다고 말할 수 있다.

대인관계는 복잡하고도 다방면이기에 대인관계를 어떻게 하나하나 처리할 것인가 타당한 방법을 찾아야 한다.

대인관계 중에서도 중요한 것은 부부관계와 부모자식 관계다. 왜냐하면 가정은 인생의 안식처요 행복의 보금자리요, 애정과 신뢰의 공동처요, 사회의 기본 단위다. 사람이 가장 많이 접촉하는 것이 가정 식구다. 그러기에 나는 가정 식구와의 관계를 원활이 처리하는데 많은 주의를 돌렸고 노력을 했다.

1964년 나는 남편과 결혼했다. 우리가 부부가 된 것이 우연히 만난 것이 아니다. 한 사업단위에 있으면서 서로가 알고 있어 둘이 같은 생활목표, 포부가 있었고 인생의 가치관이 있었기 때문이다. 결혼하여 아들 딸 낳고 행복하게 지냈다. 그때가 내 인생의 제일 행복할 때다. 나는 남편을 그토록 사랑했고 존중했고 의지했다. 부부가 같이 고난을 극복하면서 생활을 개척해나갔다.

그런데 운명이라 할까 먹구름이 우리 앞을 가리웠다. 1973년 남편이 간병에 걸려 배가 부어오르고 자주 의식을 잃곤 하였다. 병 치료 기간에 나는 열정적으로 남편의 마음을 따듯하게 해주었고 정신상 고무, 격려도 해주고 생활상에서 챙겨줄 것을 챙겨주고 한 마디 나무라지 않고 정성을 다해서 치료했지만 1984년 남편이 세상을 떴다. 오랫동안 병속에서 시달리다 세상을 뜨기 전 하는 말이 나는 죽어도 행복감을 느낀다고 했다. 사랑하는 아내가 충성을 다해 간호하고 사랑했다면서 지금도 당신이 추운 늦가을에 그물을 가지고 강에 가서 물고기를 잡아다 끓여준 모습이 떠오른다는 말을 하고 눈을 감았다.

1983년 우리 가정 경제가 제일 곤란할 때였다. 딸 셋 아들 하나가 학교를 다녔고 남편이 장기적인 병 치료로 돈이 너무 부족했다. 남편에게 영양 보충을 해주려고 해도 돈이 모자랐다. 내가 그물을 가지고 강에 나가 물고기를 잡은 일이 남편을 감동시켰고 아들, 딸에게는 맛있는 음식을 먹지 않고 아버지에게로 넘기는 애정을 불러 일으켰다. 진실한 마음 순수한 마음 감격적인 행동은 대인관계를 처리하는데 중요한 점이라는 것을 절실히 느꼈다.

부모 자식 관계는 부모의 타당한 교육과 애정 그리고 헌신적인 관심이 이루어져야 한다. 인간이 세상에서 받는 교육적 영향 중에서 부모한테서 받는 영향이 가장 밀접하고 크다. 아이가 태어나서 제일 많이 접촉하는 것이 부모요, 제일 많이 듣는 말이 부모의 말이다. 자녀를 교육하는데 아버지 영향도 크지만 어머니의 영향은 더 크다. 한 사람의 훌륭한 어머니는 백사람의 선생과 맞먹는다는 말은 과언이 아니다. 부모가 인간 도덕적 교육을 잘함으로 자식들의 존경과 애대를 받을 수 있다. 나는 인생 살아가는 원칙, 재능 기르는 필요성과 방법을 아이들에게 각종각양 형식으로 가르쳤고, 삶의 용기를 불어 넣는데 힘을 썼다.

2010년 큰 딸이 장암에 걸려 수술을 했다. 이는 나에 대한 정신타격과 근심걱정은 말할 수 없다. 북경에 있는 동창남편이 북경암병원 원장으로 있기에 그와 연락하여 중약처방을 받아 계속 치료하는 동시에 다른 방법으로도 치료를 했다. 비용이 많이 들어 계속 치료하는데 곤란이 있었다. 죽어가는 딸을 보고 가만히 있을 수 없었다. 딸의 병 치료비를 해결하기 위해 2012년 나는 노년 비자를 받고 한국에 가서 조경회사에 들어가 일을 했다. 새벽 4시에 일어나 조경차를 타고 한국 각 곳에 다니면서 풀을 심었는데 피로와 마음 걱정으로 심장병이 도져 구심약을 먹어가며 일을 해서 돈을 벌었다. 갖은 방법을 다해 치료했지만 2013년 큰 딸이 저승으로 가게 되었다. 그렇지만 어머니의 자식에 대한 헌신적인 노력과 지원은 다른 아이들을 감동시켜 나더러 위대한 어머니라고 하면서 나에게 효성을 다하고 있다.

나는 친척과 이웃들과 서로 왕래하면서 기쁜 일과 슬픈 일에 같이 동참하면서 우의를 나누고 친척과 이웃들의 백일날 결혼날 회갑날을 기억하고 꼭 참석하고 친척과 이웃들이 곤란이 있으면 서슴없이 도와주면서 밀접하고 친절한 관계를 건립하여 풍요로운 생활을 하고 있다.

동창과 친구의 감정은 순수하고도 진정한 감정이다. 만나면 기쁘고 헤어지면 그립고, 세월이 흐르고 강산이 변해도 동창지간의 감정은 변한 할 수 없다. 나는 동창과 친구지간의 우정을 진귀하게 여기고 동창 친구와 동창 모임회는 꼭 참가하고 동창 친구의 곤란이 있으면 서슴없이 나서서 돕고 동창친구간의 약속을 꼭 지켜 신뢰를 쌓고 동창 친구 생일날 참가 못하면 축하의 메시지를 보내고 누가 아프면 병문안을 가고 동창 친구 만남으로 기쁨과 슬픔을 서로 나누면서 생활의 길을 더 넓혀가고 있다.

나는 평생 교육사업을 했다. 실천의 교훈과 경험을 쌓아가면서 학생들을 인도하여 자발적으로 적극적으로 학습하는 분위기를 조성하는데 주력하면서 칭찬과 고무격려로 학생들의 특징을 잘 발휘시키고, 어려서부터 포부와 희망을 갖게 하고 자존심과 용기를 복돋게 하였다. 몇 년 전 축구 선수로 된 학생이 나에게 편지가 왔다. 편지에는 내가 볼을 차서 교실 유리를 깼을 때 진 선생님은 나에게 욕도 하지 않고 볼을 주면서 공을 찰 때 주의하라면서 계속 공 차는 흥미를 갖고 노력해서 앞으로 축구 선수가 되라는 고무격려의 말이 지금도 귀에 생생하다면서 감사의 뜻을 표시했다. 이 학생이 지금도 나와 왕래하고 있다. 교사로서 항상 학생을 어떻게 대할 것인가 누구보다 열정적으로 대하면서 학부모와 관계해서 각 방면의 도움과 지원을 받게 했다.

학교에서 지도 책임을 맡았을 때 책임자와 교직원 관계, 교직원과 교직원의 관계를 부단히 개선하는데 심혈을 기울였다. 인간이 가진 성격 가운데서 가장 강한 것은 타인에게 인정을 받고자 갈

망하는 마음이다. 교직원의 장점을 보고 칭찬하고 그들의 입장에서 생각하면서 그들의 마음을 푸근하게 해주고, 신체건강이 좋지 않고 과도한 피로를 느끼는 교직원에게는 적당한 휴식을 보장해주고 교직원이 잘못이 있으면, 그 본인의 자존심을 상하지 않게 유도 해서 자기가 자기를 깨닫게 하고, 직원과 직원 간에 모순이 있을 때 대화를 이끌어 내어 자기의 의견만 주장하고 상대방의 생각이나 의견을 무시하는 경향을 해소시키므로 타협이나 협상으로 문제를 해결하는 실마리를 찾게 하였다. 내가 실수나 잘못이 있을 때는 과감히 잘못을 시인하고, 직원들의 양해를 구하고 남보다 부지런히 그리고 결단성 있게 각종 업무 처리 할 수 있는 능력을 키우기 위해 천방백계로 노력하여 매력을 보여 주었으며, 평시 직원들과 원활한 대화로 그들이 무엇을 생각하고 무엇을 원하는지 철저히 이해함으로 직원들의 지혜와 힘을 모아 사업의 동력으로 이끌어 나갔다. 직원들의 성격도 표정도 사람을 대하는 방식도 각양각색이기에 그들의 성격에 알맞는 처리 방식으로 직원들과 부드럽고 편안한 관계를 건립함으로 그들의 적극성과 쾌활성을 발휘시켜 각종 사업을 추진해 나갔다. 대인 관계를 어떻게 잘 처리하는 가는 사업 성공을 노린다. 우리 학교는 시 교육국 선진단위로 선정되었으며 나는 통화시 선진 공작자 명단에 올랐다.

퇴직하고 통화시 광명구 노년 협회 소장직을 맡고 있다. 나의 여생을 좀 더 뜻있게 좀 더 가치 있게 보내기 위해서 이 사업에 몰두 하고 있다. 우리 노년 협회는 68명 노인들이 모여 활동하고 있는데 보건체조를 하고 보건상식, 생활방식을 배우고, 생활에서 부딪치는 대인관계 처리 방법을 교류하고, 춤추고 노래하고 장구치고 공 치면서 노인들이 쾌활한 생활을 하고 있다. 나는 항상 열정적인 웃음으로 노인들을 대하고 노인들의 병문안, 생일 축하 , 장례식 처리 등 각종 활동을 전개함으로 노년 협회가 노인들의 의거처요 행복의 요람처요 생활의 낙원처로 되었다.

## 清夜吟

소옹 邵雍

月到天心處　하늘 가운데 멈춘 달
風來水面時　물 위를 스치는 바람.
一般淸意味　이런 상쾌한 맛
料得少人知　아는 이 적을 거야.

우리 친구들이여, 건강하게 오래오래 만년의 행복을 누리며 손에 손잡고 멋진 인생에 꽃 피워갑시다.

## 나는 누구인가

김윤실

70고개를 넘어선 나의 인생살이. 우여곡절 풍파속에서 무정한 세월은 빨리도 흘러갔다. 장편대하를 이루는 추억 속에는 즐거움도 괴로움도 많았다. 나의 인생은 괴로움을 즐거움으로 만들려는 악전고투의 나날이었다.

7남매의 첫째로 태어난 나는 소학교 3학년 때부터 공부를 잘해서 가난한 농촌을 떠나고야 말겠다는 다짐을 하였다. 소학교 3학년 때 벌써 동생이 셋이나 되어, 한 명은 업고 두 명은 양손에 잡고, 점심밥통을 머리에 이고 반시간도 넘게 걸어서 모내기하는 논으로 날라야 했다. 동생들을 돌보고 빨래를 하고, 설거지도 하고 겨울에는 가마니 짜는 일도 거들었다. 소꼽친구들과 놀 생각은 엄두도 못 내었다. 그래도 부모님이 나를 학교에 보내서 공부를 하게 해 주시는 것에 감사하며 즐겁게 셋이나 되는 동생들을 데리고 다녔다.

어려운 환경을 극복하고자 나는 공부에 더욱 매진하였다. 그렇게 열심히 공부한 결과 고중 2학년을 마치고 임시교원이 되어 길림사범학교에 입학하니 드디어 농촌과 가정의 시달림에서 벗어났다.

나는 누구인가라는 고민에 빠지게 된다. 나는 이름이 여러번 바뀌었다. 부모님이 만들어 준 '윤실'이라는 애명은 1966년 동란에 '4가지를 타파하자'는 운동이 일어나면서 '혁명적 이름'인 "계명"이 되었다. 영웅을 계승한다는 뜻이다. 선전대가 들어오더니 가위로 여자의 긴 머리채를 싹뚝 자르고는 혁명적 머리라면서 이름도 바꾸어 버렸다. 1970년대에는 아들 딸이 커가니 '광영이 엄마' '춘화 엄마'로 불리었다. 1990년 대 후반에는 손자 손녀가 생기니 '송이 할머니', '쌍둥이 할머니'로 불렸다.

나는 누구인가. 한때 한때가 합쳐서 수십 년간이요. 강산도 몇 번은 변했다. 내 가정을 보면 60년대 말에 결혼하여 두 식솔. 지금은 세 가정에 열두 식솔로 변했다. 즐거움과 피로가 동반하는 세상에서 즐거움이 더 많아졌다. 80세를 바라보는 우리 부부는 큰 병 없이 자유로이 활동하니 즐거움이요. 자식들은 각자 경제 활동을 하면서 부모를 생각해 주니 즐거움이요. 손자와 쌍둥이 외손녀도 공부를 잘 한다니 즐거움이다.

동창들, 우리 모두가 노년기에 들어서면서 세월은 피부에 주름은 남길 수 있지만 우리들 영혼에는 티끌만큼의 흔적도 낼 수 없는 것이다. 우리가 용감하게 꿈을 가지고 대담하게 꿈을 키우며 부지런히 꿈을 이룩하려고 노력한다면 우리는 영원히 젊어질 수 있다. 굳이 "내가 늙었다"라는 말을 입에 달고 다니면서 늙은이 행세를 할 필요는 없다. 우리들의 영혼은 영원한 젊음인 것이다. 젊음은 힘이요. 꿈이 있으면 미래가 있는 법이다.

추억은 모두 지나간 이야기다. 어제를 거울삼아 오늘을 즐기고 내일을 아름답게 수놓아 간다면 살아가는 세상은 훨씬 넓어질 것이 아닌가.

나는 현실에 만족감을 느낀다. 선진국으로 부유해진 나라에서 산다는 우리에게는 긍지감과 행복감을 준다. 앞으로 자식들과 손주들의 일이 순조롭게 풀려간다면 더 이상 바랄 것이 없다. 친구와 이웃은 한집안 식구요. 서로 돕고 받들면 조화로운 사회라. 항상 열린 마음으로 나눔의 장을 펼치고 남의 괴로움을 덜어 주는 것이 즐거움이요. 행복이라고 믿는다.

우리는 특수한 시대에 태어나서 중국에서 자라고 공부하고 살았다. 중년 이후 한국과 교류하면서 조국인 한국으로 온 동창들이 많아 서로 만나기도 어려웠다. 그래서 동창들 얼굴이 더 보고 싶고 더 그립다.

나의 친구들이여, 건강하게 오래오래 만년의 행복을 누리며 살아가길 바란다. 우리함께 손에 손잡고 멋진 인생에 꽃 피워갑시다.

**건강과 사업, 건강과 행복, 건강과 사랑 그리고 사랑하는 남편의 건강을 챙기는 것은 나의 의무요, 행복이요, 참된 사랑이다.**

## 남편의 건강을 챙기는 것은 참된 사랑

강순덕

나는 길림성 매하구 영승촌에서 살았다. 영승소학교를 졸업하고 산성진 해룡이중에서 초등과 고중을 다녔다. 졸업후에는 영승소학교에서 교육사업을 하다가 1963년에 중국 중의연구원에서 의사인 박병규와 결혼을 하였다. 그러나 신혼부터 8년을 서로 떨어져 생활하다가 1971년에 북경으로 전근되어 중의연구원 광안문병원 약방에서 약제사로 일하다가 1998년에 퇴직하였다.

북경으로 발령받아 남편과 같이 생활하면서 남편이 누구보다 바쁘게 생활하는 걸 보게 되었다. 1979년 남편은 일본으로 2년간 유학을 다녀와서 승진을 하였고, 이어서 병원의 부원장으로 발탁되어 박사 칭호를 받았다. 수도 북경 명 중의로 선정되어 그 후, 중의 박사를 배양하는 지도교사로 임명되어 병치료도 하면서 중의 학술연구에 몰두해야 해서 바쁜 나날을 보냈다. 만약 남편의 건강이 따라가지 못하면 이렇게 중요한 사업을 완수하기 곤란하였다. 나는 남편의 건강을 어떻게 챙겨 주는가 하는 것이 나의 의무이자 과제이며 삶의 목표라 여겼다. 남편은 암치료와 난치병

치료에 탁월한 재능과 의술을 가지고 있어서 남편의 이름만 듣고 찾아오는 환자들이 너무나 많았다.

나는 남편의 건강이 곧 환자에게 직결되어 있음을 자각하고, 남편의 건강관리에 몰두하였다.

그래서 남편의 부담을 줄이기 위해서 내가 할 수 있는 일은 서슴없이 나서서 처리하였다. 집안의 대소사나 남편의 친.인척, 친구들이 찾아오면 내가 나서서 만나고 접대하여 남편의 부담을 줄여 주었다.

또 남편이 열정을 다해 병원 일에 몰두하도록 가정일 전부를 내가 담당했다. 가정살림을 잘 해 나가는 것은 남편으로 하여금 행복감을 느끼게 하고, 안심하고 사회 일에 몰두하게 한다. 자녀양육이나 학교생활에 일체 남편이 신경쓰지 않도록 단도리 하였다. 그리고 남편의 건강을 염두에 두고 매일 건강식품을 조절하여 음식을 만들었다. 모든 일의 중심에 남편을 세우고 남편 중심으로 일을 처리하였다. 아들이 결혼하여 손자를 낳아 온 가족이 기뻐하며 반기며 손자를 키워 주고 싶었다. 그러나 내가 만약 손자를 돌보느라 남편을 소홀히 할 것 같아 손자를 돌볼 양육비를 대 주면서 나는 하루도 남편곁을 떠나지 않았다. 남편이 일본이나 한국 등 외국에 가서 학술연구, 교류사업에 참가하면 나는 꼭 같이 다니면서 건강도 보살펴 주고 음식도 챙겨주었다. 또 남편의 긴장을 풀어주기 위해 함께 산책도 하고 관광도하면서 남편을 보필하였다.

나는 무엇보다도 남편의 정신적 안정을 최고로 꼽는다. 항상 따뜻하고 부드러운 말, 진실하고 정직한 말을 통해 남편이 정신적 안정을 찾을 수 있도록 배려했다. 어떤때는 남편이 업무가 과중되어 하루에 2~3시간 밖에 자지 못하는 날도 많았지만 아직까지 건강하게 사업에 열중하고 있다. 또 남편의 치료로 난치병환자가 건강이 회복되고, 남편의 지도로 제자들이 박사가 되어 찾아올 때 남편과 함께 보람을 느낀다. 남편도 이 모든 행복과 건강이 모두 아내인 나의 배려에서 생긴 것이라하며 고마워한다. 나는 나의 삶보다는 남편의 건강을 챙기고 남편이 사회에서 성공적으로 성장할 수 있도록 헌신한 삶에 만족을 느낀다.

**배우자 선택은 세상 사람들이 다 부딪치는 문제다. 배우자 선택이 잘 안 되서 이혼하는 사람도 많고 불행에 빠진 사람도 많다. 어떻게 배우자를 선택할 것인가.**

## 배우자를 잘 선택하는 것은 인생의 큰 행복

강명자

인생의 만남 중에서 가장 중요한 만남은 배우자와의 만남이다. 한 평생을 같이 동행하면서 동고동락하고 상부상조하고 공생공명하면서 살아 갈 인생의 동반자를 만나는 것처럼 중요한 만남이 또 어디 있으랴. 선택 중에서 가장 중요한 선택은 배우자의 선택이다. 배우자를 잘못 선택하면 삶이 불행해진다. 이 말은 내가 결혼 생활에서 체험이요. 교훈이다.

1962년 내가 고중을 필업하고 고향에 돌아와 농촌 소학교 대과 교원직을 맡았다. 나는 교사를 열심하 하고 있었는데 생각지도 않았던 일이 벌어졌다. 문화 혁명이 시작되면서 계급투쟁 바람이 불었는데 우리 가정성분이 상중농으로 투쟁 대상에 들어가게 되었다. 이렇게 되니 나는 학교에서 쫓겨나서 교사직을 그만두고 농사일을 해야 했다. 그때 내가 받은 정신 타격은 엄청나게 컸다. 이 일로 하여 내가 배우자를 찾는데도 큰 영향을 미쳤다. 내가 처한 신분으로 좋은 배우자를 찾는다는 것이 불가능 해졌기에 나는 친척 소개로 남편과 결혼하게 되었다. 결혼 전 남자쪽의 가정

정황을 대략 물었고 남편의 외모를 보니 괜찮았고 부모도 동의하기에 깊은 고민을 하지 않고 결혼식을 올렸다. 결혼 후 얼마 있지 않아 아이가 생겼다. 그런데 우리 부부가 같이 지내보니 우리 둘 사이에 공동한 인생 가치관이 없었다.

인간의 가치관에는 두 가지가 있다. 하나는 눈에 보이는 물질적, 경제적 가치요, 또 하나는 눈에 보이지 않는 정신적, 도덕적 가치이다. 돈, 집, 금, 은, 보석, 좋은 옷 모두 눈에 보이는 물질적, 경제적 가치요, 건강, 지혜, 사랑, 용기, 침착, 신앙, 겸손, 성실, 근면, 책임 등은 눈에 보이지 않는 무형적 가치다. 눈에 보이지 않는 가치는 정신적이며 심리적인 것이다. 물질적 가치, 정신적 가치관이 정확히 세워진 사람이 좋은 사람이다. 나는 좋은 음식보다 좋은 옷보다 또는 좋은 집보다도 좋은 사람과 같이 사는 삶이 가장 행복하다고 생각한다. 좋은 사람의 기본은 말이다. 말은 사람의 전부라고도 볼 수 있다. 왜냐하면 올바른 말은 그 사람의 정신과 마음이 표출되기 때문이다.

아무리 외모가 수려하고 뛰어난 미모를 갖추었다 해도 그의 입에서 독한 말을 쏟아내고 진실성 없는 말을 한다면 듣는 사람이 얼마나 큰 상처를 입을 것인가. 하물며 함께 사는 가족일 때 그 삶은 불행한 것이다. 나는 남편과 대화를 이룰 수 없었다. 왜냐하면 그는 어떻게 무엇을 하고 어떤 삶을 하겠다는 목표도 없고 의향상도 없고 무엇을 언제 해야 하고 무엇을 언제 어디서 어떻게 처리해야겠다는 예견성도 턱부족하기에 공동 언어가 없게 되니 대화를 이룰 수 없다. 대화가 없는 부부 생활은 무의미한 생활이다.

너는 너대로, 나는 나대로 사는 것이다. 부부간에 따뜻하고 부드러운 말, 진실하고 정직한 말 그리고 서로 공감하면서 상대를 이해하고 마음을 살펴 주는 말을 하면서 살아가는 것이 행복인데 나는 그런 행복을 맛보지 못했다. 이럭저럭 10여년을 살아오면서 생활의 우울함을 느꼈지만 자식들을 보아 이혼도 못하고 참고 견디며 살아가는데 남편이 도박까지 해서 집에 돈을 다 날려 버렸다. 더는 참을 수 없어 화가 치밀어 올랐다. 나는 남편과 더는 같이 있고 싶지 않았다.

나는 아들을 업고 딸을 데리고 오빠네 집으로 갔다. 오빠네 가정 형편도 넉넉하지 않는 형편에 갑자기 새 식구가 늘어나니 큰 부담이 되었다. 한동안 있노라니 오빠가 말했다. 나더러 다시 집으로 돌아가라는 것이다. 오빠가 나를 데리고 우리 집에 와서 남편을 앞에 앉혀 놓고 다짐을 받았다. 그 때 남편은 빌면서 다시는 도박을 하지 않겠으니 용서해 달라고 해서 한번 참아 주었다. 그러나 남편이 사흘이 지나 또 도박을 하는 것이다. 아이들이 없으면 당장 이혼하고 떠나갔을 것인데 아이들을 버리고 갈 수가 없었다.

또 이럭저럭 살다가 1989년 언니 초청으로 한국에 나갔다. 나갈 때 가져간 약을 팔아 번 돈으로 아이들을 공부시키고 생활을 유지하다 1992년 나 혼자 한국에 와서 식당에도 다니고 방수 노동도 하면서 10년을 지냈다. 남편과 연계도 없이 그와 단절 했다. 그렇게 번 돈으로 아이들을 다 공부시켰다. 두 아들을 한국에 데리고 와서 취직시키고 딸은 소학교 교원이 되었다. 막내는 천진에서 직업을 찾았고 다들 결혼하고 잘 살기에 내 마음이 편하게 되었다. 내 노력으로 가정을 꾸려 왔고 아이들을 출세시켰다.

나는 평생 남편의 덕을 보지도 못하고 사랑도 받지 못하고 살아왔다. 2년 전 남편이 중국에 있는 집을 팔아먹고 한국에 나와서 둘째 아들 집에 있다 사망했다. 나는 남편에 대한 애정에서 출발한 것이 아니라 인도주의 정신에 출발하여 그리고 자식들 면을 고려해서 그의 상사를 다 처리해 주었다. 10년을 보지 않고 왕래하지 않고 남편 상사를 처리할 때 속담에 있는 말 '얼음 위에 댓잎을 깔고 자도 마음만 맞으면 살고 도토리 깍지에 장물을 담아 먹어도 마음만 맞으면 산다' 는 의미를 심각하게 느끼게 되었다.

나의 교훈과 느낌으로 아직 배우자를 선택하지 못한 사람에게 권고하고 싶다. 배우자 선택을 경솔히 처리할 것이 아니라 신중하고 올바른 관찰력으로 세밀하게 알아보고 할 것을.

첫째, 어떤 인생 가치관이 있는지 알아보아야 한다. 가치관이 맞으면 공동 언어가 있을 수 있고 공동언어가 있으면 서로 대화를 이루면서 감정을 나눌 수 있고 행복감을 느끼게 된다. 둘째, 열심히 사업하고 힘내어 같이 잘 살아 보겠다는 의지와 욕망이 있는지 알아보기도 하고 다짐도 받아 보아야 한다. 이런 다짐이 없으면 앞으로 정직과 진심으로 동일한 목표를 향해 나가기 힘들다. 셋째, 결혼은 희생 위에 세워 지는 것이기에 결혼 후 서로를 사랑하는 신뢰가 있어야 하고 서로를 위해 노력 하려는 결심이 있는가를 알아보아야 한다. 넷째, 술 먹고 잔소리 많고 욕 잘하고 또 도박하는 등 악질 습관이 있는가를 알아보아야 한다. 배우자의 선택은 어려운 것이기에 신중하면서도 현명하게 지혜롭게 처리해야 한다.

## 恨別

두보 杜甫

洛城一別四千里
낙양을 한번 이별하고 사천리 떠나 있어
胡騎長驅五六年
오랑캐 오래 싸워 오륙년이 다 되었소.
草木變衰行劍外
초목은 변하여 시드는데 나는 검각성 밖을 거닐어보고
兵戈阻絶老江邊
싸움으로 길이 막혀 강변에서 늙고 있소.
思家步月淸宵立
집 그리며 달빛 아래 거닐다가 우뚝 서기도하며
憶弟看雲白日眠
동생을 생각하며 구름 바라보며 한낮에도 잠들기도 하오
聞道河陰近乘勝
들으니, 하음 땅에서는 승전의 소식 가까이 들리니
司徒急爲破幽燕
사도는 오랑캐 땅 유연을 빨리 깨뜨려주오

평범한 일터이지만 사람마다 자기 위치를 지키고 사명감을 완성하기 위해 노력하고 부지런히 일하면 행복한 생활을 이룬다.

## 평범하게 근로하게 행복하게

정창수

세상 사람들이 살아가는 것은 분명 똑 같지 않다. 높은 자리에 있는 사람은 높은대로 낮은 자리에 있는 사람은 낮은대로 다들 제 멋과 제 재미 속에서 살아가게 마련이다. 물론 열심히 그리고 창조적으로 일하여 돈을 많이 번다면 그것은 반드시 다른 사람에게 손해를 끼칠 필요가 없고 열심히 노력하여 큰 권력을 얻어 그것으로 사회질서를 유지하고 사회 발전에 공헌한다면 그것도 뜻있는 삶이다. 그렇다고 해서 지위 높고 명예 크고 돈이 많다고 해서 삶의 보람이 있고 행복한 것만은 아니다. 평범한 사업에서도 자기 위치를 성실히 지키며 늘 스스로의 사명감을 인식하고 사는 낮은 지위의 무명인들이 인간적으로 더욱 훌륭하게 평가 되어야 하는 수가 많다.

내가 걸어 나온 인생은 평범하면서도 근로하고 행복하게 지내왔다. 나의 삶은 자기 하는 일에 쫓기며 바쁘게 부지런히 일하면서 행복을 느끼었다. 일을 한다는 것은 인간적 행위다. 물 쓰듯 돈을 쓰는 즐거움 보다는 얼마 안 되더라도 이윤을 창출해내는 생산적인 활동을 함으로써 보다 충실한 기쁨을 얻을 수 있는 것이다. 또 생산적인 삶이 마음의 건강에도 좋다.

1962년 나는 고중을 졸업하고 형님 친구의 소개로 할빈 전기산품 제조 공장에 가서 일했다. 나는 변압기 제조일을 했는데 열심히 배우고 부지런히 일해서 숙련공이 되었다. 이에 지도자와 동료들의 인정을 받으면서 선진 생산자로 뽑혔다. 그때 내가 받은 월급은 한 달에 18원, 8원가지고 밥을 먹고 나머지 10원은 집에 부쳐주었다. 그때 받는 돈은 적었지만 먹고 살아 나갈 수 있었다. 그 때 마음은 편안했고 행복했다. 매일 타인들 보다 뛰어나겠다는 경쟁심을 가지고 부지런히 일했기 때문에 시간 가는 줄 몰랐다. 이렇게 3년을 일하고 차간 주임으로 선발되어 새로운 도전을 해야 했다.

한 차간 사람들을 이끌고 맡은 임무를 철저히 완성하기 위해 서로 화합이 필요했고 각자의 능동성과 적극성을 발휘시키는데 지도적 역할을 했는데 그리 쉬운 일이 아니었다. 모터변압기를 만드는 것은 아주 세밀하고 엄격한 사업이다. 어느 한 곳이 조금이라도 잘못 되어도 불합격 제품이 되고 만다. 그래서 사람의 성격 특성, 또는 능력에 따라 일을 시켜야 하고 엄격한 검사와 실험을 해봐야 하기에 나는 바쁘게 일해야했으며, 세심한 관찰력을 가져야 했기에 매일 시간 가는 줄 몰랐다. 우리의 노력으로 변압기 한 대 한 대가 생산 되었을 때 기쁨이 넘쳐나던 순간순간은 참으로 즐거웠고 기쁨이 넘쳐 흘렀다. 우리의 노력으로 '일등' 차간의 명예를 수여받았다. 지금 생각하면 참 행복한 시기였다.

생산된 산품을 각 곳으로 판매해서 내보내려면 상품에 대해 능숙한 검사 판단과 외교 능력이 있는 사람이 이 일을 해야 되었는데 회사에서 내가 여기에 타당한 사람으로 보고 나를 판매하는 곳으로 보냈다. 이 일은 전국 각 곳을 돌아다녀야 했는데 주로 중경과 광주를 많이 다녔다. 각 곳을 다니면서 상품을 선전하고 사람을 만나 담화를 해야 했다. 이 사업은 부지런 하지 않으면 못하는 사업이기에 매일 동분서주하면서 일처리로 바삐 서들다 보면 한 두 달이 금방 지나가곤 한다. 우리 집은 무순에 있었는데 어떤 때는 한 두 달 동안 집에 한번을 가보지 못했다.

심양 하북 전기제품회사로 이동하고 나서도 계속 상품 판매 사업을 했는데 사업이 잘 안되면 정신 압력이 컸다. 왜냐하면 상품이 더 빨리 더 많이 팔려야 벌어들인 돈으로 회사 직원 천여 명이 먹고 살기에 무슨 방법을 쓰더라도 상품을 팔아야 했다. 어떤 때는 감기 몸살로 인해 심한 고열과 기침에 피가 섞여 나올 때도 있었다. 그러나 회사가 돌아가야 하고 회사 직원들이 밥 먹고 살아야 한다는 생각을 하니 누워서 휴식을 취할 수 없었다. 이를 악물고 일어나 가야 했다. 밖에 나가서 사람을 만나 친절과 정성을 베풀어 문제를 풀어나가면 너무나 기뻤고 힘든 것도 잊어버렸다. 이렇게 나는 순간순간을 열심히 살아왔다. 당시 대학을 졸업하고 한 달 월급 45.5원을 받았는데 나는 그 두 배를 받았다. 노력으로 그만한 혜택을 받았던 것이다. 이 혜택이야 말로 진정한 혜택이요 자기 노력의 보람이라 생각한다. 그때 나는 마음속으로부터 삶의 힘차고 싱싱한 기쁨을 맛볼 수 있었다.

사업을 힘차게 해나가고 있을 때 아내가 중병에 걸렸고 어머니는 연세가 많아 옆에 꼭 보살펴 주는 사람이 있어야 했다. 회사에서 나의 딱한 사정을 고려해서 나로 하여금 돌아와서 다시 차간 주임을 맡게 되었다. 아내 신체가 좀 회복되니 회사에서는 유통이 잘 안된다면서 나를 상품 판매 부서로 돌려보냈다. 나는 다시 열정적으로 회사 일에 매진했다.

58세 되던 해 나는 위암에 걸렸다. 결국 수술을 하고 휴식하다 2000년에 정식으로 퇴직했다. 이후 한국에 와서 친척 정주영을 통해 나에게 알맞은 경비 사업을 했다. 10년 동안 경비 사업을 하면서 한 번도 실수 없이 착실히 복무했다. 금년 내 나이 75세이다. 이제는 사업터를 떠나 휴식하면서 여생을 보내련다.

내 인생은 평범한 일터에서 근면하게 책임성 있게 착실하게 지내면서 번 돈으로 아들 하나 딸 셋을 모두 공부시켰다. 큰 딸은 미국에서 사업을 하고 아들과 둘째 딸 셋째 딸은 한국에서 사업한다. 나는 심양에서 아파트를 샀고 또 대흥향에 집을 샀다.

이제 나이 드니 유람 삼아 왔다 갔다 하면서 살 것이다.

## 四時

도연명 陶淵明

春水滿四澤　봄 물은 연못에 가득하고

夏雲多奇峰　여름 구름은 산봉우리들처럼 떠 있네.

秋月揚明輝　가을 달은 밝은 빛을 비추고

冬嶺秀孤松　겨울 산마루엔 큰 소나무 한 그루 서 있네.

**부모, 자식 관계는 사회에 존재하는 보편 현상이다. 이 관계를 어떻게 처리하는가. 관계는 서로를 위한 실천이 관건이다.**

# 실천으로 이루어진 가장 깊은 관계

김귀남

부모와 자식 관계는 인간관계 중에서 가장 가까운 관계요. 가장 깊은 관계이다. 이것은 선택의 관계가 아니다. 인간은 부모를 선택하는 자유가 없다. 부모자식관계는 생물학적 원리에 의하여 맺어진 운명적 관계이다. 부모자식관계는 인륜인 동시에 천륜이다. 부부는 서로 선택한 관계이기 때문에 언제나 헤어질 수 있고 헤어지면 남남이 된다. 그러나 부모자식관계는 피로 얽힌 혈연관계이기 때문에 서로 선택할 수 없고 서로 헤어질 수 없고 서로 남남이 될 수 없다. 그러나 현실생활에서 부모자식 간에 서로 갈등관계가 되어 왕래하지 않고 70세, 80세가 된 노인 중 혼자 사는 분도 있다.

이 문제는 서로 부모자식관계에 대한 인식의 진실성이 턱없이 부족하여 경제적 이익 혹은 다른 개인의 어떤 이익을 타산으로 부모가 자식을 배반하거나 자식이 부모를 배반하거나 혹은 서로 중대한 관점이 달라 화해하지 못하고 갈등이 생겨서 모순이 계속 악화된 결과라고 본다. 이 문제를 풀어 나가려면 부모자식관계의 진실성 인식에 출발해서 서로 상대방에 관심을 위하여 실천행동이 필요하다. 나 역시 이런 길을 걸어와 보았다.

2003년 1월 남편이 심장병으로 갑자기 세상을 떴다. 우리 집 기둥이 무너졌다. 생활 의거할 곳이 없어졌으니 내가 두 아들을 데리고 살아가야 했다. 남편의 봉급으로 생활이 그래도 괜찮게 지냈지만 남편이 세상을 뜨고부터 가정생활이 점점 곤란해졌다. 큰아들과 며느리는 고정된 직업이 없어 맞벌이하면서 살기에 어떤 때는 기본 생활비마저 보장되지 못해 어려운 생활을 해야 했다.

큰아들이 장사를 해서 돈을 벌겠다고 나섰다. 나는 절대로 반대했다. 왜냐하면 장사하려면 돈이 있어야 하는데 집에 돈이 없는 형편에다 아들의 성격과 재능을 보아서도 장사할 형편이 아니었다. 아들은 어머니의 말을 듣지 않고 남의 말만 듣고 여기저기서 10여 만원을 꿔서 장사를 시작했다. 장사를 시작하여 몇 달도 안 되어 사기를 당해 돈을 다 날려 버렸다. 나는 화가 났다. 아들에게 어머니가 그렇게 부탁해도 말 안 듣고 제 멋대로 하다 망쳐버렸으니 네가 책임지라고 호통을 쳤다. 나의 이런 태도에 아들은 나와 갈등이 생겨서 말도 안했다. 그런데 아들이 여기서 멈춘 것이 아니라 나 몰래 또 이자까지 꿔서 다시 장사하려고 떠났다. 듣건데 처음에는 장사가 좀 되었는데 1년도 못가서 돈을 또 날려버렸다. 아들이 빚진 돈을 갚아야 되겠는데 갚지 못하여 별 방법이 없으니 남의 차를 빌려 여기저기 다니면서 또 돈을 꾸려다가 차 사고까지 났다. 차는 형편없이 부서지고 아들도 많이 다쳐 병원 응급실로 갔다. 이렇게 되니 며느리는 살 길이 없는 것 같아서 이혼하고 친정집으로 가버렸다. 아들은 더 없는 고통과 비감에 휩싸였다. 그때 내 생각이 돌아섰다. 아들이 돈이 없어서 돈을 벌려다 마음대로 되지 않아 이런 봉변까지 당했으니 피로 얽힌 혈연인 어머니로서 마음을 가다듬고 아들의 고통을 덜어 주어야겠다고 생각했다. 아들에게 원망하지 않고 욕도 하지 않고 집을 팔아 아들의 병 치료도 해주고 빚진 급한 돈을 먼저 갚아야겠다고 결정하고 집을 팔았다. 나는 아들에게 말했다. "돈을 잃어버리는 것은 적은 것을 잃어버리는 것이고 용기를 잃어버리는 것은 인생의 많은 것을 잃어버리는 것이고 건강을 잃어버리는 것은 인생의 전부를 잃어버리는 것이니 상처를 잘 치료하여 건강을 회복하면 간고분투하면서 가난을 극복하고 역경을 이기고 새로운 삶을 개척할 수 있다."고 말하면서 아들에게 용기를 불어넣어 주었다. 그러면서 나는 한국에 가서 돈을 벌어 치료비와 생활비를 보내 줄테니 걱정 말고 상처를 잘 치료하면서 아이를 돌보고 있으라고 했다. 아들은 나의 말을 듣고 감동되어 "어머니 잘못했어요. 어머니께 걱정시켜 미안합니다. 한국에 가서 몸조심 하십시오."라고 말하면서 눈물을 흘렸다. 아들이 이렇게 눈물 흘리는 것은 처음 보았다.

2006년 12월 말에 나는 한국에 도착하였다. 한국에 와보니 돈을 버는 일자리 찾기가 쉬운 일이 아니었다. 험하고 힘든 일을 해야 만이 일자리를 찾을 수 있었다. 어떤 험난한 일이라도 빨리 찾아 돈을 벌어 아들의 상처를 치료해주고 빚을 갚아 아들의 고통을 덜어준다면 보람 있다는 것을 생각해 일자리를 빨리 찾으려고 서둘렀다.

내가 처음 찾은 일자리는 기사식당이었다. 이 식당에는 주방장과 나 그리고 아줌마 한 분이 일했다. 나는 주방장 보조로 그릇도 씻고 밥도 하고 야채도 다듬는 일을 했다. 그런데 그 아줌마가 내가 처음 왔다고 깔보고 자기가 하는 일을 마음대로 나에게 시켰다. 나는 처음에는 시키는 대로 다 해주었다. 그런데 한두 번도 아니고 하루 이틀도 아니고 계속 나에게 시키는 것이다. 나는 더는 참을 수 없어서 "아줌마, 주방장도 아니면서 왜 자기 할 일을 나에게 시켜요." 하니 그 아줌마는 염치없게 처음 온 사람은 일은 더 많이 해야 된다면서 뻔뻔스럽게 대꾸하는 바람에 서로 말다툼이 벌어졌다. 이튿날 그 아줌마는 짤려서 가버리고 나 혼자서 모든 일을 다 해야 했다. 어떤 때는 밤 12시까지 일을 해야 됐다. 과도한 일에 제때 잠을 못자니 편도선에 염증이 생겨서 온몸이 쑤시고 아픈 것이 견딜 수가 없었다. 그렇지만 아들 처지를 생각하니 견디고 또 견뎌야 했다.

병이 점점 심해지니 일을 감당할 수가 없어서 이 식당을 나왔다. 그런데 갈 곳이 없었다. 아들에게 버는 족족 돈을 부쳐 주니 월세 줄 집을 찾지 못했다. 할 수 없어 염치를 불구하고 친척 집에 가서 병 치료도 하면서 한동안 쉬었다. 이후 병이 좀 나은 것 같아서 다시 일자리 찾아 나섰다. 이번에 간 곳은 큰 양식식당이었다. 주방에는 남자 아홉 명이 요리를 하고 아저씨 한 분은 전문 설거지를 하고 나는 전기밥솥 세 개에다 번갈아 연거푸 밥을 지어야 했다. 그릇을 씻어 날라 주었는데 한참 일하고 나면 팔목이 끊어지듯 아팠고 얼굴에는 땀이 비오듯이 흘러내렸다. 이렇게 번 돈을 아들에게 부쳐주곤 했다.

식당일이 너무 힘들어 다시 찾은 일자리는 가정부였다. 두 아이를 보아야 했다. 아이 보는 일도 쉽지 않았다. 제때에 우유와 음식을 먹여야 했고, 기저귀를 자주 갈아 주어야하고 하루 한 번씩 목욕시키고 옷도 갈아 입혀야 했다. 아이 옷은 손빨래 해서 꼭 삶아서 널어야 했다. 밤이 되면 자주 아이가 깨서 기저귀를 갈아 주고 우유도 먹여야 해서 잠을 못자니 체력은 점점 약해지고 심신이 쇠약하여 갔다. 이렇게 돈을 벌었지만 아들 병을 고치고 빚을 빨리 갚기 위해 사고 싶은 것 안사고 몸이 아파도 병원에 안가고 진통제를 먹어 가면서 번 돈을 아들에게 보냈다.

나의 헌신적인 노력이 아들을 감동시켰다. 아들로부터 전화가 왔다. 병이 어느정도 완치되었으니 아이를 친척집에 맡기고 한국에 와서 어머니와 같이 돈을 벌어서 빚을 갚고 집도 사고 새로운 삶을 개척하겠다고 했다. 나는 아들의 전화를 받고 고생한 보람이 있구나를 느끼면서 더없는 기쁨을 가지게 되었다. 나는 빨리 아들이 한국에 나올 수 있도록 비용을 보내기 위해 돈을 더 많이 버는 중환자실 간병을 했다. 중환자의 오줌 똥을 받아내고 하루 세 번 밥과 약을 먹이고 가래를 뽑아 내고, 욕창이 생기지 않도록 2시간 간격으로 몸을 돌려 눕혔다. 또 아침마다 세수시키고 몸을 닦아 주고, 일주일에 한 번은 목욕을 시키고, 매일 병실 청소도 해야 했다. 아들의 한국행을 위하여 갖은 곤란을 극복하면서 돈을 벌었다.

아들은 현재 한국에 와서 건설현장에서 기술을 배우면서 열심히 일하고 있다. 아들이 내 옆에서 있으면서 열심히 일하는 것을 보니 내 마음은 기쁘고 안심이 된다.

나는 작년에 퇴행성 관절염으로 두 무릎을 수술 받아서 지금은 일을 못하고 매일 물리치료 받으러 병원에 다니고 있다. 아들은 미안해하면서 "어머니가 나를 위해 고생을 해서 병에 걸렸으니 치료비와 생활비 집세 모두 내가 책임질테니 어머니는 걱정말고 치료나 잘하시라"고 하면서 매달 벌어 온 돈을 꼭 나에게 갖다 준다.

아들은 고생이 되더라도 빨리 빚을 갚고, 집을 사려고 회사에서 쉬는 날에도 쉬지 않고 아르바이트를 나간다. 나는 아들의 건강을 위해 아픈 다리를 조금씩 움직여 빨래를 하고 밥과 음식을 만든다.

오늘은 아들이 시장에서 소고기를 사왔다. 저녁에 우리 모자가 불고기를 해 먹으면서 지나온 일들을 추억하면서 앞으로의 계획을 오순도순 이야기하였다. 이렇게 정으로 긴밀한 관계를 맺는 가정이야말로 삶의 보람이자 추구하는 바라 행복한 날에 감사한다.

## 舊國里

경운 卿雲

舊居梨嶺下　옛날 살던 이령 고개 아래는
風景近炎方　풍경이 열대에 가까웠지
地暖生春早　땅이 따뜻하니 봄은 일찍 왔고
家貧覺歲長　집이 가난하니 세월은 길었네
石房雲過濕　구름이 지나가 돌집은 눅눅했고
杉徑雨餘香　비내린 삼나무 길은 향기가 맑았네
日夕竟無事　저물도록 별다른 일이 없이
詩書聊自强　부지런히 시경 서경 읽었다네

**세상 사람들이 살아가면서 나눔이 있어야만 서로 돕고 사랑하면서 같이 살아 나가는 길이기에 인류 사회 발전의 필요한 요소로 작용하기에 이를 선양해야 한다.**

## 은인들이 나에게 준 나눔

윤석하

내가 세 살 때 어머니가 병으로, 네 살 때 아버지 역시 병으로 세상을 뜨셨다. 형과 나는 삶의 벼랑 끝에 서 있게 되었다. 살길이 한 치도 보이지 않았다. 할 수 없는 상황에서 뒷 마을에 살던 구촌 할아버지가 나서서 우리 두 형제를 데려다 키웠다.

내가 다섯 살 나는 해 할아버지네 집으로 왔다. 어렸을 때는 나의 곁에 계시는 할아버지 할머니가 친할아버지 할머니인 줄 알았다. 커서 윗간집 할머니의 이야기를 듣고서야 친할아버지의 이름은 윤태백이고 지금 나를 데려다 키우는 할아버지의 이름은 윤태린이었다는 것을 알았다. 이 두 분은 6촌간이었는데 앞 뒷 마을에 살면서 가깝게 지냈다. 윤태린 형님이 일찍 세상을 떠서 윤태린이가 조카 윤창호를 데려다 키웠고 이번엔 또 우리 두 형제를 데려다 키운다면서 이분은 정말 인자하고 마음씨 고운 분이라고 했다. 이 사실을 알고 나는 할아버지에게 미안한 감정이 생기면서 친할아버지보다 더 친절한 감을 느끼게 되었다.

1947년은 해방전쟁 시기와 팔로군과 국민당이 치열한 전쟁을

벌이고 있을 때였다. 그 해 말에 할아버지는 담가대에 뽑혀 전선 지원에 나가셨다. 할아버지는 치열한 사평 전투대 제일선까지 나가 들것에 부상병을 싣고 후방 병원으로 데려가곤 했다. 전투가 너무 치열하여 사망자와 부상자가 많았기에 군력이 모자라 몇 번이나 생명의 위험을 무릅쓰고 부상병을 업고 나왔던 것이다. 그리하여 상급의 표창을 받았고 3등 공까지 세웠다고 한다. 그러던 어느날 치열한 전투 속에서 부상병을 메고 미끄러운 언덕을 내려오다가 넘어져 허리를 많이 다쳐 할 수 없이 집으로 돌아왔다. 다친 허리로는 농사일을 하기가 어렵게 되었다. 이듬해 할머니는 첫 딸을 낳았고 숙모는 첫 아들을 낳으셨다. 그때 삼촌은 북조선에 가 있었기에 집에 중요한 노동력은 할아버지와 숙모였다. 할머니는 기침병으로 쿨럭쿨럭 기침을 하면서도 구정물을 내다버리고는 했다. 게다가 심장병까지 자주 도져 부엌일도 겨우 해내는 형편이었다. 이렇게 되다 보니 할아버지는 다친 허리의 아픔을 참아가면서도 농사일을 해야만 했다.

그때 우리 가정은 생활이 너무 빈곤하였다. 쌀이 떨어져 감자가 나오면 감자로 끼니를 때웠고 옥수수가 나오면 옥수수로 끼니를 해결하곤 했다. 생활에 필수적인 콩기름마저 닭 알을 팔아야 살 수 있었다. 그 당시에는 전기가 없기에 밤이면 콩기름 등을 켜야 했는데 할머니는 콩기름을 아끼노라고 불을 켜놓고 책도 못 읽게 하였다. 한번은 할머니가 잠이 든 사이 내가 이불을 뒤집어 쓰고 공부하다 이불을 태워 할머니한테 매를 맞고 욕도 얻어 먹기도 했다. 지금 생각해보면 그 당시 생활이 얼마나 빈곤하였으면 콩기름 살 돈도 없어 밤에 등도 켜지 못할 형편이었겠는가? 이런 가난을 겪어보지 못한 젊은 세대들은 아마 이런 이야기가 이상하다 생각할지도 모른다.

우리집 식구가 살아 나가려면 숙모와 할머니가 할아버지를 도와 조금이라도 일을 해야 했다. 그래서 나는 어린아이 둘을 돌보는 일을 맡게 되었다. 다른 집 아이들은 여덟 살이면 학교를 갔지만 나는 열 살이 되어서야 학교를 가게 되었다. 가정 형편이 곤란하다보니 새신을 사서 신을 돈이 없어 신이 떨어지면 기워 신곤 하였다. 어느 날 할아버지가 일을 마치고 돌아와 안경을 끼고 신을 깁다가 바늘에 손을 찔려 피가 났다. 그것을 보고 내가 기워볼 생각이 나서 "할아버지 내가 기워 볼게요" 하면서 신을 빼앗아 기워보았다. 처음의 솜씨였지만 제법 잘 기운 셈이다. 할아버지가 보시더니 잘 기웠다고 칭찬하셨다. 그 후부터 할아버지 신이 떨어지면 내가 깁곤 하였다. 할아버지가 담가대에 갔다 오면서 신고 온 신을 여덟 번이나 기워 드렸다. 신을 기울 때마다 내 마음속엔 할아버지가 이렇게 가난한데도 우리 형제를 데려다 먹여 살리고 키우는 것에 대해 고맙다는 마음이 들었다.

나는 눈치를 봐 가면서 닭도 먹이고 마당도 쓸고 할머니를 도와 드렸다. 한번은 할머니가 닭 알 한 바구니를 내주면서 시장에 가서 팔라고 하였다. 닭 알이 제법 팔리자 새 신을 사드리고 싶은 마음이 간절해졌다. 결국 닭 알을 판 돈으로 신발한 켤레를 샀다. 집에 돌아오니 할아버지께서 그 돈으로 신을 사면 내일 학교 갈 때 책값은 무엇으로 치르냐며 호통을 치셨다. 빨리 가서 신을 돌리고 돈을 찾아오라고 하셨다. 할 수 없이 달려가서 돈을 되돌려 달라고 하니 그 사람은 되돌려 줄 수 없다고 딱 잡아 떼었다. 그래서 할아버지께서 하신 말을 이야기하니 그 사람도 감동되어 신을 받고 돈을 되돌려주었다. 이틀 날 나는 닭 알 판 돈을 들고 학교에 가서 책값을 내었다.

내가 소학교를 졸업하기 전에는 할아버지 할머니와 같이 있으면서 두 분의 지극한 관심과 사랑을 받아 왔다. 할머니께서는 친자식처럼 나에게 입을 것, 먹을 것을 챙겨주셨고 할아버지께서는 언제나 부드러운 말로 나를 격려 해주시면서 공부를 잘해서 출세하라고 하셨다. 그토록 어려운 나날에도 두 분께서는 덜 먹고 덜 입고 갖은 고난을 이겨내며 있는 노력을 다해 제때에 나의 학비를 대 주셨다. 할아버지, 할머니의 지극한 관심과 보살핌은 나로 하여금 마음속 깊이 공부를 잘하여 출세해서 꼭 할아버지, 할머니의 은공을 갚겠다는 굳은 결심을 가지게 되었다. 그러기에 남달리 공부를 잘해서 반급에서 늘 1등을 하곤 하였다. 최우등 상장을 타서 할아버지께 보이면 할아버지는 흐뭇해서 "힘들게 일한 보람이 있다." 라고 말씀하시며 기뻐하셨다.

소학교 3학년때 삼촌께서 매하구 조선족 소학교에서 사업하다가 다른 학교로 이동하게 되었다. 삼촌은 그곳에서 집을 잡아 숙모를 그곳으로 모셔갔다. 형님도 소학교를 졸업하고 산성진 중학교로 가게 되었다. 그리하여 집에는 할아버지, 할머니, 창숙이와 나 넷이 있게 되었다. 그런데 할머니 병이 점점 엄중해져 닭 먹이고 밭 김매는 일들을 내가 해야 했고 불 때는 나무도 내가 해야 했다. 이때부터 나의 정신부담과 마음고생이 점점 더 많아지게 되었다. 할머니께서 기침 하며 숨이 차는 것을 볼 때마다 나의 마음은 몹시 아팠다. 돈이 있으면 병원에 모시고 가서 병을 보이고 치료해야 하는데 그런 형편이 안 되었기 때문이다.

1956년 7월, 나는 소학교를 졸업하고 집을 떠나 산성진에 있는 조선족 중학교로 가게 되었다. 내가 집을 떠나면 가정 일을 누가 할 것인가 걱정되어 할아버지께 중학교를 가지 않고 할머니를 도와 일을 하겠다고 하였다. 그때 할아버지는 "네가 지금 공부하지 않으면 평생을 망치는데 집일은 걱정 말고 중학교에 가라"라고 말씀하시었다. 나는 눈물을 머금고 할아버지, 할머니를 떠나 중학교에 갔다. 나는 결심하였다. 공부를 잘하여 의과 대학에 가서 할머니의 병을 고치겠다는 결심을 내렸다.

중학교에 가서 기숙사 생활을 하면서 학교 식당에서 밥을 먹었다. 학교에서 생활 곤란한 학생들에게 조학금을 주었는데 나도 조학금 지원을 받았다. 조학금으로 한 달 식비 절반 좀 넘게 해결할 수 있었고 나머지는 자체로 해결해야 했다. 병환 중에 있는 할머니가 돈이 없어 약도 사먹지 못하는 것을 생각하면 돈을 달라는 말이 나오지 않았다. 식권이 떨어져 한번은 배가 너무 고파서 생각 끝에 물고기를 잡아 팔아 보기로 하였다.

6월초의 어느 일요일날 나와 광산이라는 친구가 물고기 잡으러 떠났다. 산성진 개성 끝을 지나 논판이 있고 그 옆에 포자가 있었다. 포자물이 흘러나가는 도랑에서 풀잎들이 흔들흔들 거리고 있었다. 분명 물고기가 다니면서 부딪쳐 흔들거리는 것이었다. 빨리 손을 써야겠다는 생각이 들어 광산이 보고 지키라 하고 나는 개성에 있는 삼촌네 집까지 달려가 삽과 물 푸는 두레박과 소래 두 개를 가져왔다. 물도랑을 막고 물을 퍼내었더니 붕어 메사구들이 와글와글 하였다. 그때 잡은 물고기를 두 대야와 두레박에 담아도 못다 담아 바지를 벗어 풀줄기를 가지고 바지가 가랑이를 매고 물고기를 담았다. 한사람은 지키고 한사람은 물고기를 메고 개성 시장에 가서 팔았다. 다 팔고 나니 돈이 350원이나 되었다. 이 돈으로 한동안 식비를 보태어 썼다. 졸업하고 40년이 지나 휘남현 조양진에 가서 광산 친구를 만났는데 같이 술 마시면서 하는 이야기에서 제일 흥미로운 일은 그때 물고기를 잡았던 이야기다.

1960년 초중을 졸업하고 고중에 입학하였는데 어느날 할머니께서 세상을 떠나셨다는 소식이 전해 왔다. 소식을 듣고 부랴부랴 집으로 돌아와 할머니 시신 옆에서 슬피 울다가 다리에 쥐가 나서 기절하였다. 내가 병원에서 돌아 왔을 때는 할머니 상사일은 벌써 끝났다. 이튿날 밥상에 앉아 할아버지를 바라보니 허옇게 쇠어 버린 머리카락, 쭈글쭈글한 얼굴, 정기 잃은 눈동자였다. 할아버지께서 깊은 고민에 빠진 듯 하였다. 할아버지께서 남은 인생을 좀 더 편안하게 사시려면 내가 학교 다니는 것을 그만두고 집에 돌아와 일하면서 할아버지를 모시는 것이 상수였다. 내가 삶의 벼랑 끝에 있을 때 할아버지, 할머니께서 데려다 먹이고 키우고 공부시켰는데 지금 공부를 그만두고 일을 해서 할아버지를 모시는 것은 당연한 일이었다. 그래서 할아버지한테 나의 생각과 요구를 여쭈었더니 할아버지께서 "내가 살면 얼마나 더 살겠니? 너는 아직 어린 나이에 한창 공부할 때인데 내가 어찌 네 전도를 망치겠냐? 다시 학교로 돌아가 공부하거라, 나 혼자 이곳에 못 있을 것이니 집을 처리하고 산성진에 있는 창호한테로 가련다." 라고 말씀하셨다.

결국 할아버지는 집을 처리하고 창숙이를 데리고 산성진으로 가셨다. 그때 삼촌네 집은 일곱 식구였는데 삼촌 혼자 타는 봉급으로 살아가는 형편이었다. 거기에다 3년 연속 자연 재해로 먹을 수 있는 풀이며 나무 껍질을 다 뜯어 다 끓여 먹고 있었다. 이런 형편에서 노인들은 병만 걸리면 면역력이 약해 세상을 떠나게 되셨다. 할아버지 역시 그곳에서 병에 걸려 얼마 지나지 않아 세상을 뜨셨다. 태산같이 믿고 있던 할아버지 마저 돌아가시자 나는 정신 타격이 너무 커서인지 밤잠을 이루지 못했다.

하루 이틀 못자는 것은 참을 수 있지만 계속 잠을 못자니 머리가 아프고 정신이 없어 죽을 것 만 같았다. 그때 내 생각은 신체단련을 많이 하면 나을 것 같아서 매일 일찍 일어나 뛰기도 하고 상봉 철봉 운동을 하곤 하였다. 하루는 상봉대에 올라가 손잡고 곧추 서면서 몸돌리기 운동을 하다가 잡은 손이 빠져 나가면서 곤두박질해 떨어졌다. 그런데 떨어 질 때 땅바닥에 있는 벽돌조각에 얼굴이 박히고 말았다. 나는 정신을 잃었다. 선생님이 나를 병원에 보내어 치료를 받게 했는데 진단은 코뼈에 금이 났다고 하였다. 당시 나는 머리가 터질 것 같이 아팠고 눈시울까지 저리면서 아파서 참기가 어려웠다. 병원에서 며칠 치료를 받고 공부하려고 학교를 돌아왔지만 흑판에 쓴 글이 잘 보이지 않았다. 이를 악물고 공부하려 했지만 도무지 공부할 수가 없었다. 시간이 좀 지나면 났겠지 하고 기숙사에서 한 달가량 쉬고 있었지만 아픔은 좀처럼 가라 앉지 않았고 잠을 계속 잘 수가 없었다. 나 혼자 기숙사에 있노라니 아픔에다 속상하니까 미칠 것 같았다. 그때 나는 정신병자가 된 것 같았다. 다른 학생들이 말하는데 밤에 다른 학생들이 자는데 내가 큰 소리 치면서 밖으로 뛰어나가기도 했다고 한다.

반주임 선생님이 나를 데리고 매하구 병원 정신과에 갔지만 무슨 결론을 내지 못했다. 나는 염치 불문하고 학교 령도를 찾아가서 어떻게 해서라도 좀 큰 병원에 가서 진단하고 치료받게 해달라고 요구를 하였다. 학교 당지부서기, 교장, 교도주임, 단지부서기등 선생님이 모여서 토론 결과 돈을 모아서 나를 심양의과 대학병원에 가보도록 했다. 나는 정말 감동되어 눈물까지 흘렸다. 평생을 두고도 잊지 못할 일이다. 2003년 한국에서 돌아와 첫 번째 일이 모교 선생님을 모시고 식당에 가서 밥 한끼라도 대접하면서 고마운 심정을 표시하는 것이었다.

그때는 량식이 긴장하여 량표가 없이는 밥을 사먹지 못했다. 이태성 선생님, 사모님이 료년성 량표로 바꾸어 주어 그것과 학교에서 준 돈을 가지고 심양 의과대학 병원으로 가게 되었다. 떠날 때 삼촌 어머니가 자기 6촌 동생이 심양 화평구에 살면서 병원에서 근무하고 있다면서 급한 일이 있으면 찾아가 보라고 했다.

당시 나는 머리도 아프고 오랫동안 병에 시달려 정신이 얼떨떨한데다가 심양에 한 번도 가보지 못해 어떻게 심양 의과대학병원을 찾아 갈지 걱정되었다. 심양역에 내려 매하구 소학교에 같이 다니던 민정호에게 전화를 걸었더니 민정호가 마중 나와서 나를 자기 집으로 데리고 갔다. 민정호는 심양 소가룬에서 좀 멀리 떨어진 산비탈에 있는 조그마한 초가집에서 살고 있었다. 그의 어머니는 연로하시어 일을 못하고 누님이 돈을 벌어 살림을 해나가고 있었는데 그들은 열정적이고 친절하게 나를 대해주었다.

민정호가 대학 고시시험 준비에 몹시 바빴지만 나를 데리고 심양 의과대학 병원에 갔다. 그런데 환자가 너무 많아서 예약을 하고 병을 봐야했다. 예약 시간은 일주일을 더 기다려야 했다. 민정호가 나더러 자기 집에 가있으라고 했지만 나는 갈 면목이 없었다. 정호가 대학시험 준비에 서두르고 있었기 때문이다. 그래서 삼촌어머니 6촌 동생네 집에 가기로 하였다. 마침 정호의 안내로 그 집을 찾았다. 알지도 못하고 한 번도 보지 못한 사람에게 말하기가 너무 거북했지만 별 방법이 없었다. 염치를 불구하고 말문을 열었더니 그가 대답하는 말이 방이 좁아서 잘 자리가 없다고 하였다. 내가 여관에 가서 잔다면 가져온 돈을 다 써버리고 병을 고치지 못하게 된다. 돌아가면 살아갈 길이 막막하다. 내 사정을 말하면서 복도에서 자도 괜찮으니 나를 좀 도와달라고 하였더니 그나마 받아들여 그 집 복도에다 벽돌을 가져다 놓고 그 위에 판자를 깔고 잠자리를 마련하였다. 이렇게 해서 병 볼 돈을 남기게 되었다. 그 집 복도에서 자고 그 집에서 밥을 먹으려니 하루를 지내는 것이 한 달 지내는 것 같았다.

예약 시간이 되어 심양의과 대학 병원에 가서 뇌CT, 심장 초음파 등 전면 검사 결과 후각 중추 신경손상으로 코 뿌리 신경 바비신경신통이란 결론이 나왔다. 병원에서 바로 입원 시켜 주어 치료를 받게 했다. 약을 먹으면서 침을 위주로 맞았는데 약 일주일이 지났는데도 머리는 계속 아팠다. 계속 잠을 자지 못해 수면제를 먹어야만 잠을 조금씩 자곤 했다. 상한 신경을 침으로 자극하여 되살리려면 장기 치료를 받아야 하였다. 그런데 병원에 오래 있을 수 없었다. 가져간 돈이 모자랐기 때문이다. 되돌아간다고 해도 갈 곳이 없었다. 공부할 수 없기에 학교로도 갈 수 없었다. 어떻게 지낼지 앞길이 막막하였다. 나의 병으로 하여 북경에서 공부하는 형님을 오라고 할 수도 없었다.

나는 살고 싶지 않았다. 죽어 버리겠다는 생각이 들었다. 죽는다면 어떻게 죽을 것인가? 쥐약을 사서 먹고 병원에서 죽어버리면 죽은 시체를 처리해버릴 사람이 있다는 생각에 병원을 나와 농약 파는 상점에 가서 쥐약 두 봉지를 사왔다. 쥐약을 먹어도 밤중에 다른 사람들이 모두 잠든 기회에 먹어야겠다는 생각이 들어 침대에 누워 그 시각만을 기다렸다.

마음은 몹시 구슬프고 불안했다. 누워서 이 생각 저 생각에 빠졌는데 갑자기 할아버지가 눈앞에 나타나듯 하면서 할아버지 말소리가 내 귀에 스쳐지나가는 감을 느꼈다. “내가 살면 얼마나 더 살겠니? 너는 한창 어린 나이에 공부 할 때인데, 내가 어찌 네 전도를 망치겠니? 다시 학교로 돌아가 공부 하거라.” 할아버지가 나를 먹여 키우고 공부시킨 것이 헛되이 버린다는 생각이 들면서 할아버지께 미안한 생각이 들었다.

문득 내가 직접 침을 배워서 스스로 병을 고쳐 살아나갈 길을 찾자는 생각이 들었다. 옳다, 이 길을 걸어보자는 생각이 드니 쥐약 먹고 죽자는 생각이 감쪽같이 사라졌다. 눈앞이 환해지면서 빨리 날이 새기만 기다렸다.

병원의 출근시간이 되자마자 나는 의사를 찾아가 통근 치료를 며칠 더 하고 돌아가겠다는 말을 하고 퇴원 수속을 밟고 다시 삼촌 어머니의 6촌 동생네 집에 가 있기로 했다. 그리고 침 파는 곳을 찾아 침 20대와 침술책 한권을 샀다. 이 침과 책은 내 평생 동반자가 되었다.

병원에서 침을 맞은 다음 침자리에 빨간색 나는 원자필로 점을 찍고, 집에 돌아와서는 거울을 보면서 스스로 침을 찔러 보았다. 처음엔 잘못 찌르면 어떻게 하나 우려감이 있었지만 다만 이길 밖에 없기에 과감히 찔러보니 좀 아플 다름이지 별 다른 문제는 없었다. 다행히 내가 찌른 침자리는 대부분 머리 얼굴과 손이라서 거울을 보면서 스스로 침을 찌를 수 있었다. 며칠 있다가 돌아가려는데 마침 북경에서 공부하던 형님이 어디선가 소식을 듣고 청가를 맡고 날 보러 왔다. 정말 뜻밖이었다. 형님도 민족학원에서 주는 조학금으로 여유도 없이 공부했는데 어디서 빌려온 돈인지 나에게 돈을 좀 주고 가면서 나더러 우리가 살던 윗간집에 가 있으라고 했다. 형님 말대로 심양을 떠나 살던 윗간집으로 갔다. 윗간집 할머니는 나를 몹시 나무랬다. 갈 데 없으면 벌써 와야지 왜 그렇게 꼼꼼하게 노는가 하면서 내 잠자리를 마련해주었다.

나는 하루에 한 번씩 스스로 침을 맞고 침술을 학습하였다. 윗간집 사촌은 향병원에서 근무하기에 의학 지식이 풍부하였다. 그는 짬만 있으면 나에게 침술을 배워주고 이따금씩 잠오는 약과 신경에 관한 약을 가져다주기도 하였다. 잠을 조금씩 자기 시작하니 살 것만 같았다. 한 달가량 지나니 머리 아픈 것도 좀 나아지고 코 주위 피부도 좀 내 피부처럼 느껴졌다. 이곳에서 계속 치료하고 휴양 할 생각이었는데 일이 꼬이노라 윗간집 할머니가 뇌혈병으로 돌아 가셨다. 그이께서 세상을 떠나시니 더는 그곳에 있을 수가 없었다.

살아갈 길이 막막해졌다. 문득 생각나는 것이 안명준이었다. 내가 학생회 생활부에 있을 때였다. 한번은 초중 일학년 숙사를 돌아보다 한 학생이 열이 40도까지 올라서 신음소리를 내며 누워 있는 것을 발견하였다. 그때 나는 이 학생을 빨리 집에 데려다 주어야겠다는 생각이 들어 차를 구하여 그의 집으로 데려다 주었다. 이 학생이 바로 안명준이었다. 명준이 아버지, 어머니는 너무 너무 고마워하면서 나더러 일요일이나 방학 때 갈 곳이 없으면 꼭 자기 집으로 오라고 했었다. 그 후 명준이가 나를 데리고 몇 번 자기 집으로 갔었기에 서로 잘 알고 있는 셈이다. 내가 명준이 집에 가니 명준이 아버지와 어머니는 나를 친자식처럼 여기면서 자기 집에 있으라고 하셨다. 명준이 어머니는 맛있는 음식을 해주고 또 자기가 짠 삼베천으로 옷도 해주었다. 이렇게 나는 또 있을 곳이 생겼고 살길이 나왔다. 나는 스스로 침을 맞으면서 치료를 했다. 그때는 봄철이라 논갈이 밭갈이가 한창 바쁠 때였다. 나는 밥을 얻어먹는 것이 너무 미안해서 밭갈이 할 때 삽으로 흙을 번지고 호미로 고랑을 내고 씨도 뿌렸다. 지금 생각하면 그때 머리는 아팠지만 나가서 몸도 좀 움직이며 일한 것이 신체 회복에 많은 도움이 된 것 같다.

두통이 점점 나아지고 잠도 괜찮게 자기 시작하니 제 정신이 돌아온 것 같았다. 그곳에서 한 달 가량 지냈는데 형님한테서 편지가 왔다. 여러 방면을 고려해서 허화에 있는 한 처녀와 약혼 관계를 맺었으니 나더러 그곳에 가 있으라고 했다. 그래서 나는 명준이 집을 떠나 약혼한 형수 집으로 갔다. 사돈 어머니와 아버지는 몹시 인자하고 마음씨 좋은 분이었다. 그들은 나보고 제 집같이 있으라면서 너그럽게 대해주셨다. 그곳에서 내 생일을 지내게 되었는데 사돈 어머니께서 닭을 잡아 주셨다. 난생 처음으로 이렇게 푸짐한 대접으로 생일을 지냈다.

형수는 일하러 다니면서도 내 양말을 떠주고 옷도 씻어주었다. 처음으로 사랑을 받는 느낌이었다. 두통이 많이 나아졌기에 나는 다시 학교로 돌아가서 내 아래 학년 이었던 학생들과 공부 하게 되었다. 스스로 침을 놓으면서 공부하니 어떤 학생은 비웃고 하는 말이 많았다. 나는 어떻게 해서라도 대학교에 가는 것이 유일한 출로라는 것을 명심하고 다른 학생이 비웃어도 흔들리지 않고 계속 침을 놓으면서 학습을 견지해 나갔다. 그때 식비도 모자랐고 약 사먹을 돈도 없고 했지만 아직 결혼도 하지 않은 형수한테 돈 달라는 말하기가 너무 거북해서 생각 끝에 또 물고기 잡아 돈을 벌 생각이었다.

일요일이면 삼촌이 놓는 주낙을 가지고 근 20리길을 걸어 큰 호수에 가서 주낙을 놓아 고기잡이를 했는데 고기가 제법 잘 물리었다. 그곳에서 전문적으로 주낙을 놓아 고기잡이를 하는 한 아저씨를 알게 되었는데 그가 내 사정을 듣고 나에게 많은 동정과 관심을 주었다. 일요일 마다 밥을 더 싸가지고 와서 점심밥과 저녁밥을 나와 같이 나누어 먹곤 하였다. 내가 잡은 물고기를 팔 시간이 없어서 나는 그 아저씨에게 물고기를 싸게 넘기고 팔아 달라고 하였다. 이렇게 마련한 돈으로 모자라는 식비를 보태었고 대학 시험 칠 때 필요한 정치 문답책과 작문 지도책도 샀다. 주낙 놓아 고기 잡고 20리 길을 걸어 숙소로 돌아오면 어떤 때는 밤 12시가 넘을 때도 있었는데 몸이 나른해서 쓰러질 것 만 같은 때도 있었다. 지금도 그때 고달픈 일을 생각하면 눈시울이 뜨거워지곤 한다.

원래 나는 의과대학 시험을 치려했는데 병으로 휴학하는 바람에 수학 물리 화학을 못 배우고 빠져 버린 것이 많아 따라갈 수가 없어 사회 과학 시험 칠 것으로 바꾸었다. 대학 시험 칠 무렵 선생님이 내가 처한 처지를 고려해서 어떻게 해서라도 나로 하여금 대학 시험에 좋은 성적을 따내게 하기 위하여 작문 제목을 세 개나 선택하여 나보고 쓰라하고 직접 고쳐 주셨다. 나는 그 내용을 한 글자도 안 빠뜨리고 기억하였다.

내가 북경 중앙 민족 학원 시험 칠 때 나온 작문 제목은 <조출> 인데 선생님이 선택해서 지도했던 작문 제목은 <태양이 떠오를 때> 였다. 제목을 맞춘 셈이다. 나는 시험에 나온 제목에다 내가 썼던 작문을 그대로 써 냈다. 대학에 입학한 후 알아보니 그때 나의 작문 점수는 최고였고 정치 점수는 90점이었으며 역사는 40점이었는데 평균 점수는 높은 축에 속했다. 모두 모교 선생님의 덕분이다.

중앙 민족 학원은 어느 대학보다 생활조건이 우월했다. 내가 입학하는 해, 자연재해로 사람들은 허리띠를 졸라매고 살았지만 대학에서는 쌀밥과 만두가 주식이었고 때로는 돼지고기, 소고기 반찬도 있었다. 생활환경이 좋아지니 나의 신체 건강 회복도 많이 좋아졌다. 병이 다시 도질까봐 틈을 타서 병원에 가 치료를 받았더니 두통도 콧등 저리던 감각도 완전히 없어졌다. 그래서 남 못지않은 학습 성적으로 중앙 민족 학원을 졸업하고 사회 공작에 참가하게 되었다.

나는 이따금씩 자기가 지나온 길을 추억해 볼 때마다 내가 삶의 벼랑 끝에 섰을 때 할아버지, 할머니, 숙모님이 일제 침략 약탈로 곤란 속에 헤매면서도 우리 두 형제를 데려다 먹여 살리고 공부시켰던 고마움을 떠올린다. 또한 모교 선생님들은 천방백계로 나의 병을 고쳐주고 대학교에 보내기 위해 갖은 노력을 다했고, 윗간집 할머니 삼촌은 자기 돈을 써가면서 내 병을 치료했고 사돈어머니, 아버지 그리고 명준이 부모는 나를 친자식처럼 잠자리 먹을 것 입을 것을 챙겨주신 일들을 하나하나 그리게 된다. 무엇으로 형용할 수 없는 고마움과 감사의 마음이 저절로 부풀어 오르곤 한다. 나는 그들의 남을 위한 '나눔'의 위대성을 찬양 발휘하기 위해 시를 써서 잡지사에 투고도 했다.

나눔

물질나눔
정신나눔
능력나눔

나눔으로
구원손길
펼쳐지고

나눔으로
새삶의길

열어주고

나눔으로
인생가치
높아지네

나눔나눔
영광영광
빛내니라

은인들이 남을 위한 '나눔'의 위대성은 나로 하여금 인생길에서 곤란한 사람 특히 백성들의 고난을 덜어주기 위해 일체 노력을 한다는 마음을 갖게 하였다.

내가 1979년 통화지구 정부 반공실로 오게 된 원인은 문화대혁명 시기에 조선족 사람들이 억울하게 당한 안건들이 너무 많이 쌓여 있었는데 이런 안건들을 처리하려면 중국어, 조선어를 잘 통하는 사람이 있어야 했기 때문이다.

그때 나는 수많은 안건 자료를 보아야 했고 한국말 잘 못하는 조선족 사람들을 접대해야 했다. 수많은 안건들이 기억 속에서 사라졌지만 장백에서 온 78세 조선족 할머니의 일은 지금도 기억 속에 생생하다. 할머니 성씨는 우씨였다. 내가 안건조사 출장을 갔다 돌아오니 그 할머니가 지팡이를 짚고 나의 반공실 문 어귀에서 기다리고 있었다. 그는 나를 만나려고 여관에서 벌써 이틀이나 묵었다고 하였다.

조선 전쟁이 일어나기 전 할머니는 아들과 함께 료녕성 신빈현에서 살았는데, 아들이 1950년 조선전쟁에 나간 후 우씨 할머니는 혼자 살기가 너무 외로워서 장백현 이도구에 사는 언니집 있는 곳으로 이사 했다고 한다. 아들이 삼감령 전투에서 포탄에 맞아 오른팔이 끊어지고 오른 다리도 잘 못쓰게 되었다. 그는 군대병원에서 몇 달 치료하고 1등 장애군인증을 받아 들고 중국으로 돌아오게 되었는데 중도에서 장애군인증을 잃어버렸던 것이다. 장백현에 와서 민정국에 찾아가서 사연을 말하니 조선 전쟁에 참가한 증명서를 가져오라고 하였다. 신빈현 무장부에 가니 당안재료에 기재된 것이 없다면서 증명서를 해주지 않아 이럭저럭 시간이 흘러가도 장애군인 대우를 받지 못하고 있었다. 할머니가 젊었을 때는 일을 해서 생활이 괜찮았지만 연세가 많게 되니 일을 못하여 생활이 곤란하게 되었다. 아들은 장애인이 되어 노동력을 상실하였기에 장애군인 대우를 받지 못하면 나중에 살아나갈 길이 없는 것이다.

우씨 할머니 말을 듣고 보니 이 일은 벌써 해결되었어야 하는 일인데 아직까지 해결하지 못했으니 정말 안타까운 일이었다. 우씨 할머니 정황을 통화지구 령도에게 보고했더니 나더러 증거를 찾아 오라고 해서 나는 료녕성 신빈현으로 갔다. 먼저 현 무장부에 가서 조사해보았으나 당안이 없어졌는지 그렇지 않으면 시간이 오래 되어 자료를 없애 버렸는지 자료에서 증거를 찾을 수가 없었다. 그래서 그들이 살던 곳으로 찾아 갔다. 원래 작은 마을에 여섯 집이 살았는데 그중 조선집 두 집은 벌써 이사를 가서 행방불명이었고 한쪽 집 세호는 나이 많은 사람들은 죽고 지금 있는 사람은 증명할 사람이 없었다. 나는 할 수 없이 돌아왔다. 기가 막히고 답답한 일도 정말 많았다. 할머니의 소원을 해결하지 못해 내 마음은 너무 아팠다. 할머니가 장백현으로 돌아 갈 때 나는 주머니에서 돈 200원을 꺼내 드렸지만 이것으로 근본문제를 해결할 수 없었기에 나의 마음은 많이 아팠다.

나는 문화대혁명시기 쌓여있던 조선족 안건들을 거의 다 처리하고 통화지구 검찰원 고수상고처에 가서 사업하게 되었다. 어느날 안건에 관한 문제를 조사하려고 료녕성 박물관에 갔다. 나는 그곳에서 조선전쟁 역사 자료도 있다는 것을 알게 되었다. 문득 우씨 할머니의 아들이 생각났다. 그런데 이 일은 검찰원에서 조사 처리하는 범위가 아니었다. 하지만 이 일은 내가 할머니 정황을 잘 알기에 오직 내가 나서야만 일이 해결될 것 같아서 검찰원 령도에게 사연을 말하면서 신청하였더니 령도가 동의하였다. 그래서 통화지구 정부 소개신을 갖고 료녕성 박물관에 가서 3일 동안 역사자료를 하나하나 세밀하게 조사해보았다. 사흘 째 되는 날 삼감령 전투이야기를 기재한 자료에서 문득 우씨 할머니 아들 이름을 발견하였다. 출생년월일도 똑 맞아 떨어졌다. 나는 제 눈이 믿어지지 않아 아래위로 여러번 훑어보고 또 훑어보았다. 틀림이 없었다. 의외의 수확에 나는 얼마나 기뻤던지 '정말 찾았구나! 정말 찾았구나.' 하고 외치고 또 외쳤다. 나는 즉시 자료를 복사하여 통화지구신방처에 넘기었는데 지구 신방처에서 다시 장백현 신방처에 보내어 우씨 할머니 아들이 1등 장애군인 대우를 받게 되었다.

그해 7월에 우씨 할머니께서 지팡이를 짚고 말린 고사리를 메고 장백현에서 나를 만나러 통화까지 왔다. 할머니께서는 아들이 1등 장애군인 대우를 받게 되어 하늘나라로 가도 안심하고 눈을 감을 수 있다고 하면서 자기가 산에 올라가 꺾은 고사리를 어떻게 해서라도 받아 달라고 하였다. 나는 검찰원에서 안건 처리 후 다른 사람들이 감사의 뜻으로 보내는 물건은 받지 않았지만 할머니가 가져온 고사리는 받았다. 78세 된 할머니가 산에 가서 고사리를 꺾어다 말려서 장백에서 통화까지 가져온 성심을 봐서라도 말이다.

중국이 개혁개방 후 한국인들이 중국에 들어와 사업하는 일이 점차로 많아졌다. 그들은 중국에 와서 회사를 꾸리던가 다른 사업을 하려면 중국어, 한국어 두 나라 언어를 잘 통하는 사람을 찾아서 대리인으로 내세워서 사업해야했다. 어떤 한국인들은 언어 등 각종 원인으로 사기 당하여 사업을 망치고 곤경에 빠져 헤매기도 했다. 어떤 사람들은 내가 조선족으로 검찰원에 있다는 것을 알고 찾아와 무릎을 꿇고 눈물을 흘리면서 자기가 부딪친 억울함을 해결해 달라고 사정하였다. 나는 이런 분들을 만날 때마다 마음이 몹시 아팠다. 좀 더 좋은 삶을 개척하려고 바다를 지나 낯선 땅에 온 그들이기에 나는 갖은 방법을 다해 우리 동포를 도와주곤 하였다. 너무 딱한 사정일 때는 나의 공작범위를 벗어나서 특수한 방법을 채택해 문제를 해결할 때도 있었다.

1990년 6월 위해에 있는 한국인 윤사장이 어떻게 우리집 전화번호를 알아내어 나에게 전화를 걸어 왔다. 그의 말에 따르면 자기는 투자비를 낼대로 다 냈는데 합작 기업에서 돈이 모자란다면서 돌 공장 돌아가는 것을 멈추었다고 한다. 여기에 문제점이 있는 것 같은데 자기는 언어가 통하지 않아 제대로 말을 할 수 없고 다른 사람을 찾아도 믿어지지를 않아 가장 믿을 만한 사람을 찾아 전화를 걸었다고 하면서 어떻게 해서라도 위해에 한번 와 달라는 것이다.

한국 충청북도 동원석재 윤사장은 내가 1989년 친척초청으로 한국에 나갈 때 배에서 만난 사람이다. 배에서 주고받고 이야기하는 과정에서 나는 윤사장이 위해에 와서 중국 돌 공장과 합동 협의를 하고 한국으로 돌아오는 중이라는 것을 알았다. 그때 윤사장은 내가 민족학원을 졸업하고 검찰원에서 사업을 하고 있다는 것을 알고 나더러 자기 회사에 와서 번역해 줄 것을 바랬는데 나는 답복하지 않았다. 이튿날 아침 그는 충청북도에서 차를 몰고 나의 외삼촌네 집까지 와서 나를 찾았다. 나는 그의 간절한 요청으로 그를 따라 충청북도 동원석재에 가서 합동서와 다른 문건을 한국 글로 번역해준 일이 있다.

이번엔 윤사장이 얼마나 답답했길래 나에게 전화를 했는지 나는 그의 심정을 얼마나마 이해할 수 있었다. 그러나 이 문제는 위해 검찰원에서 조사하는 범위이지 내가 나서서 처리할 범위가 아니었다. 나는 위해 검찰원에 전화를 쳐서 조선분이 있는가를 물었더니 조선분이 없다고 하였다. 다른 도움 청할 마땅한 사람도 없거니와 찾는다 해도 지방 관념과 복잡한 인사 관계로 일을 순리롭게 해결될지 걱정되었다. 그래서 생각한 끝에 상급에 청가를 맡고 위해에 갔다 오기로 했다. 위해에 가서 나는 그 곳의 검찰원을 찾아가 일의 자초지종을 이야기 하였더니 그곳에서도 사람을 파견하여 같이 조사하기로 하였다. 조사 결과 윤사장 손아래 회계가 중국 기업 령도와 짜고 들어 가짜 장부를 만들어 한국돈 3000만원을 빼돌린 사실이 드러났다. 이 사건을 위해의 검찰원에 넘기고 회사가 다시 돌아가게끔 하고 집으로 돌아왔다. 윤사장은 감개무량하여 역전까지 나와 내 손을 꼭 부여잡고 앞으로 한국에 와서 무슨 일이 있으면 자기를 찾으라고 신신당부하였다.

검찰원 고수상고처에서 사업하면 수많은 사연들을 접수하게 된다. 이 사업은 세밀하고 은밀한 사업이기에 어떤 권력도 무서워하지 말고 빈틈없이 철저히 조사하여 법과 원칙에 의해 백성들의 원한을 풀어주어야 한다.

나는 백성들의 억울하고 안타까움을 자기일로 생각하고 은인들의 '나눔'의 정신으로 백성들의 마음속으로 들어가곤 하였다. 하층에 있는 백성들이 자기의 억울한 사연들이 제때에 해결되지 못하는 것을 보고 이런 문제들을 해결하기 위하여 나는 고수상고처 사람을 데리고 이따금씩 각, 현, 시 심지어는 농촌까지 내려갔다. 그리고는 접대처를 차려놓고 방송으로 알려 백성들이 편리하게 제대에 사건을 고소상고 하도록 하고 접수한 안건들을 하나하나 제때 처리하고 조사하여 진상을 밝히고 법과 원칙에 의해 처리해 나감으로써 백성들의 칭찬과 옹호를 받았다. 우리가 직접 체험 경험으로 '상방변하방' 이란 논문을 써서 길림성 검찰 논문집에 올렸으며 우리 고소상고처의 공작 경험이 길림성 각계층 검찰계통에 실행 추진됨으로써 집체 2등공을 수여받았다. 나 자신은 수많은 안건 처리과정에서 그 어떤 인사 관계도 고려하지 않고 그 어떤 권력 장애에도 흔들리지 않고 철저히 조사하여 3등공을 두 번이나 수여 받았다.

내가 천방백계로 고난에 처한 백성들을 위해 정성을 다해 일할 수 있는 원인 중의 하나는 바로 은인들이 나에게 남겨준 무엇보다도 귀중한 '나눔' 이란 선물이 있었기 때문이다. '나눔'은 내 마음의 바탕으로 되었고 나로 하여금 생명의 가치를 알게 하였으며 내 인생의 커다란 지침이 되었던 것이다.

## 江雪

유종원 柳宗元

千山鳥飛絶　산에는 새 한 마리 날지 아니하고

萬逕人종滅　들에는 사람 자취 전혀 없네

孤舟사笠翁　도롱이에 삿갓차림 늙은이, 한 척 배 띄워놓고

獨釣寒江雪　눈 내리는 겨울 강에 홀로 낚시를 하고 있네

신앙은 인생에서 꼭 필요하다. 신앙을 믿고 삶을 사는 것이야말로 현재를 살아가는 우리에게는 희망의 등대인 것이다.

# 믿음으로 찾은 여생의 길

우영철

내가 다섯 살 때 어머니께서 병으로 세상을 떠나시고 아홉 살 때 아버지마저 병으로 세상을 뜨게 되어 나는 할머니 곁에서 자랐다. 어려서 부모를 잃고 살아가는 인생의 길에 한탄과 설움도 많았지만 그래도 할머니의 따뜻한 관심과 배려로 공부까지 하여 1962년 고중을 졸업하고 대과 교원으로 있다 정식 교원으로 되어 사업하다 1992년 퇴직하고 교회 생활을 하게 되었다.

신앙 생활을 하면서 열심히 성경공부를 하여 하느님은 세상만물의 창조자요. 그의 율법은 세상 사람을 다스리고 이끌어 나가는 법칙이라는 것을 알게 되었다. 율법에는 영생의 길을 보여 주었고 구원의 길을 제시, 사랑과 정의 길을 가르쳤으며 평화의 길을 명시했다. 또 행복의 길을 말씀했고 자유의 길을 열며 진리의 길을 밝혔다는 것을 알게 됨으로서 하느님을 숭배하고 하느님에 대한 믿음이 생겼다. 이 믿음으로 여생의 길을 찾게 되었다.

내가 어려서 고아가 되어 살아오면서 갖은 고통과 어려움을 이겨내고 공부하고 결혼하여 가정을 이루고 일남삼녀를 키워 출세

시킨 것도 하느님이 나를 자녀로 삼고 베풀어 주신 은혜라는 것을 알게 되었다. 자기가 아무리 좋은 계획이 있어도 하나님의 뜻에 어긋나면 성공할 수 없으므로 하느님 말씀대로 응하고 실천하는 자만이 성공을 이룰 수 있다는 것을 알게 되어, 일체를 하느님께 맡기고 하느님의 뜻대로 살아가는 것이 인생의 길이다는 것을 알게 되었다.

성경에서 제시하기를 '사람이 자기 일에 즐거워하는 것보다 나은 것이 없나니 이는 그의 분복이라 형통한 날에는 기뻐하고 곤고한 날에는 생각하라. 절대 실망하고 낙심하고 부인하고 초조하지 말라. 항상 긍정적으로 자신을 가지고 신심을 가지고 영원을 사모하라. 그리하면 꼭 좋은 결과가 일어나리라. 좋은 일은 죽도록 해내기에 힘쓰고 나쁘다는 일에는 즉시 단념하고 끊어라. 그리하면 네가 완전하게 되는 것이다. 마음의 즐거움은 양약이라. 심령의 근심은 뼈를 바르게 함으로 항상 기뻐하고 쉬지 않고 기도하며 범사에 감사함으로 사는 자가 세상에서 가장 행복한 자이니라'. 이 말씀은 사람이 살면 덕이 있어야 하는 것이다. 덕이란 것은 선을 행할 수 있는 능력이요. 도덕적으로 뛰어난 품성이 인간으로 마음이 어질고 행동이 바람직한 것이요. 남에게 도움과 은혜를 베풀 수 있는 품성이요. 덕은 사람의 근본이다.

나는 하느님 말씀대로 덕을 체득하고 획득하는데 노력을 기울인다. 부모 자식 간에 서로 사랑하고 돕고, 이웃과 협력하고 조화를 이루고, 동창과 친구에게 항상 열정적이고 문안하고, 남이 어려움에 처하면 먼저 나서서 도우고, 남을 해치는 말과 일은 절대 하지 않고 자기를 낮추고 겸손하면서 다른 사람을 존중하고 남의 괴로움을 덜어주고 봉사활동에 적극 참가함으로서 즐거움과 행복을 느끼면서 여생을 보내고 있다.

고난 속에서도 삶의 보람을 느끼었다.

# 고난속에서도 느끼는 삶의 보람

정대성

계모와 함께 생활 30년, 아내의 병간호 20년, 아버지 치매 병구환에 8년, 정말 지긋지긋한 고난 생활을 해왔다.

어렸을 때 계모에 대한 무섭고 독한 이야기를 적지 않게 들었지만 나의 가정에 현실로 찾아 올 줄은 몰랐다. 계모의 억척스러운 언행은 나로 하여금 성이 발칵 뒤집어질 듯 치밀어 올랐지만 가정 분란이 일어날까봐 참아야 했다. 나의 이런 행동이 가정평안을 가져 왔다고 생각하기에 답답한 마음을 풀어 나갈 스 있었다.

아내가 40세 되던 해 간경화병에 걸렸다.

이 병으로 아내가 수시로 먹은 음식이 소화되지 않고 배가 부어올라 모진 고통을 겪어야 했다. 가정의 주요 노동력이 병중이니 고난은 말이 아니었고 나의 짐은 더욱 무거워졌다. 출근도 해야 하거니와 수시로 병원에 다녀야 했으며 가정의 작은 일마저 신경을 써야 했다.

병 치료를 위해  민간에 들리는 좋다는 초약을 구하고 만들기 위해 밤낮을 가리지 않고 헤맨 적이 어디 한 두 번이었던가. 그중

익모초와 인정쑥은 달여서 엿을 만들고 가루도 내고 환을 만들어 15년을 계속 먹었는데 건강에 많은 도움을 받기도 했다. 갖은 방법을 다하여 치료를 했지만 병은 점점  엄중해서 1 년에 세 번 네 번 씩 입원치료를 받아야 했다. 어디에 좋다는 병원약이 있다면 달려가 보았지만 병은 낫지 않았다.

결국 2005년 아내는 간암 말기라는 진단을 받고 6개월이 지나 세상을 떴다. 병 치료 과정에서 아내는 몇 번이나 눈물을 흘리면서 나로 인해 당신을 고생시켜 미안하다고 했다. 살고 죽는 것은 운명이 결정된 것이니 나 때문에 너무 마음고생 말라면서 자기는 죽어도 당신의 관심과 사랑으로 행복감을 느낀다고 말했다. 나는 현재 생활이 아무리 암담하더라도 아내의 정신적이며 심리적인 행복을 가져다 준 것이 삶의 보람이라는 것을 느꼈다.

2001년 아버지께서 엄중한 뇌경색에 뇌졸중으로 인하여 대소변을 가리지 못했다. 몇 년동안 나에게 부딪힌 고난은 그 무슨 말로 형용할 수 없다. 매일 아버지의 대소변을 처리하고 빨래를 해서 청결해야 하고 목욕을 시켜야 했다. 결국 힘든 간병에 나도 병이 들었다. 신체가 허약해진데다가 위병, 대장염까지 걸려 지탱하기 어려워졌다. 그렇지만 나를 키워준 아버지를 버릴 수 없지 않은가. 나는 내 병을 치료해가면서 8년 동안 뇌졸중으로 계시는 아버지를 간호해 드렸다. 하지만 아버지는 2008년에 세상을 떴다.

우리 마을 사람들은 나를 칭찬하면서 사랑과 효를 실천하는 본보기라고 한다. 나는 이 말을 들을 때 내가 고난 속에서 헤치고 나온 것이 가치가 있다고 생각했다.

## 舊國里

경 운 卿雲

舊居梨嶺下　옛날 살던 이령 고개 아래는
風景近炎方　풍경이 열대에 가까웠지.
地暖生春早　땅이 따뜻하니 봄은 일찍 왔고
家貧覺歲長　집이 가난하니 세월은 길었네.
石房雲過濕　구름이 지나가 돌집은 눅눅했고
杉徑雨餘香　비내린 삼나무 길은 향기가 맑았네.
日夕竟無事　저물도록 별다른 일이 없이
詩書聊自强　부지런히 시경 서경 읽었다네.

**교통사고, 화상, 질병으로 인한 고통 속에서 살아가는 사람이 많다. 이들은 강한 삶의 의지로 질병과 싸워야 하며 진심어린 구원과 지원의 손길이 필요하다.**

## 삶에 대한 강한 의지와 구원의 손길

김영대

내가 태어난 고장은 중국 길림성 연길현이다. 어릴 때부터 부모의 지극한 사랑을 받으면서 행복하게 자랐다. 25세 되던 해에는 한 마을에 사는 정순옥씨와 결혼하여 두 딸을 낳아 재미나게 키우며 남부럽지 않게 살았다.

두 딸을 초등학교에 입학시키면서부터 나는 아이들의 교육 문제를 생각해보지 않을 수가 없었다. 사실 농사일만으로는 불가능한 일이었다. 결국 다른 사람들처럼 나도 한국행을 선택했다.

1996년 10월 17일, 나는 사랑하는 부모와 처자식을 고향에 두고 한국행 비행기에 몸을 실었다. 처음에는 아파트 현장에서 일당을 받는 일용직도 마다하지 않았다. 얼마 후 기술을 배우려고 용접회사에 들어갔다. 용접기술을 배우기 위해서다. 3년이 지나자 나는 숙련된 용접공이 되어 회사와 동료들의 인정을 받으면서 열심히 일했다.

2001년 12월 28일 오후 3시에 출장을 떠났던 나는 회사일이 바쁘다기에 다시 회사로 갔다. 급히 용접을 마무리해야 했지만 마침 휴식 시간이 되었다. 그날따라 날씨가 얼마나 추운지 칼바람이 매섭게 몰아쳤다. 일하던 직원 몇 명이 몸을 녹이려고 드럼통에 장작을 넣어 불을 피워놓고 불을 쬐고 있었다. 안전모와 보안경을 착용하고 일을 서두르던 나는 추우니 불 옆으로 오라는 말에 그들 속에 끼어 불앞에 섰다. 그런데 장작불이 잘 타지 않았다. 한 직원이 옆에 놓아두었던 신나통을 들어 드럼통에 부었다. 순간 불이 신나가 담겼던 통으로 번져가며 나의 몸을 덮쳤다.

부지불식간에 벌어진 일이라 정신없이 몸에 붙은 불을 끄기 시작했다. 이쪽 불을 끄면 저쪽 불이 번지고 저쪽 불을 끄면 이쪽 불이 번지면서 불은 나의 온몸을 휩쓸었다. 순간 화장실에 물이 있다는 것이 생각났다. 하지만 엉뚱하게도 일하는 차간으로 달리고 말았다. 그곳에서 일하던 직원들은 나를 발견하자 소화기를 들고 나를 향해 뿌렸다. 불이 겨우 꺼졌다. 직원들이 달려와 나의 옷을 벗기려 했지만 불에 탄 옷이 살에 붙어 좀처럼 떼어낼 수가 없었다. 할 수 없이 옷을 가위로 잘라버렸다.

잠시 후에 119 구급차가 도착했고 차는 시화 병원으로 달렸다. 하지만 화상이 너무 중해서 치료를 하지 못한다고 했다. 구급차는 다시 한강성심병원으로 향했다. 나는 차에서 직원들의 몇 마디 부름소리를 듣고 의식을 잃었고, 혼수상태가 되었다. 나의 인생은 이때부터 화염화상으로 인한 각종 합병증과의 격투에 들어갔다. 하지만 삶에 대한 강한 의지와 새로운 삶을 개척하려는 강렬한 욕망의 정신력으로 죽음의 수많은 곡절을 넘기고는 했다.

나는 그날의 화상 60%(안면부 깊은 2도 양쪽 하지 및 양측 상지 3도)로 인해 죽음의 문턱까지 갔지만 결국 살아남았다. 하지만 이후 각종 질병과 불행이 내 인생에 엎치락 뒤치락 했다. 가피수술, 이식수술, 만성 중이염(양측)(H669), 양측 비골 신경손상(G573), 담증 역루성 위염(K297), 역류성 식도염(K210), 우측 서혜부 탈장(K409), 양측성 감각 신경난청(H903), 요도 협착(N350) 등 여러 가지 질병이 꼬리에 꼬리를 물고 나에게 달려들었다. 정신적 타격과 심리적 공황 속에 빠지기도 했다. 하지만 나는 귀중한 생명을 헛되이 잃지 않겠다는 완강한 의지로 사랑하는 아내와 두 딸의 정겨운 얼굴을 그리며 정신적인 수양과 기분 전환을 통해 비감과 실망을 버리고 삶의 용기를 다시 찾았다.

드디어 나는 60% 이내 생존할 가능성이 거의 없는 처지에서 벗어나 새 삶의 길에 들어섰다. 내가 살아난 것은 기적이라 해도 과언이 아니다. 전신 화상을 입었기에 유혈이 많았고 게다가 화상으로 인한 감염으로 피를 많이 뽑았기에 대형 수혈을 해야 했다. 또한 매일 화상 입은 부분을 긁어내고 소독을 해야 했다. 그때마다 지독한 아픔을 참기 힘들어 의식을 잃고 쓰러졌다.

화상은 무엇보다도 곤혹스럽고 처참하고 가슴 아픈 상처다. 나는 가피수술과 이식 수술을 받아야 했다. 이식수술이란 성한 곳의 살을 떼 내어 화상 입은 곳에 붙이는 수술이다. 수술할 때는 통증완화 주사를 놓아서인지 별로 아프지 않지만 약 효과가 사라지면 참을 수 없는 고통이 시작된다. 차라리 죽어버리는 것이 낫겠다는 생각이 들기도 하였다. 그럴 때마다 아내는 너게 용기를 주었다.

"죽지 말고 끝까지 같이 살아야 해"

이식 수술이 채 끝나지도 않았는데 화상 후유증으로 우측 5개 수지절단이라는 진단이 내려졌다. 나는 이 소식을 듣고 머리에서 "윙" 하는 소리가 나는 것 같았으며 쓰러질 뻔 했다. 오른쪽 손가락을 다 절단해버리면 평생을 망쳐버린다는 생각이 들었기 때문이다. 하지만 의사는 이런 조치를 취하지 않으면 더 큰 불행이 닥쳐오고 이 방법만이 전신안전을 보장할 수 있는 확실한 생명카드라고 해명했다. 나는 잠시 후 안정 상태로 돌아왔지만 받은 충격은 좀처럼 사라지지 않았다.

수지 수술 후 절단통, 수지구축 신경통으로 물리치료 약물치료가 필요하여 오랫동안 치료와 요양을 했다. 그동안 나는 친척들로부터 두 팔이 다 끊어진 사람이 발가락 사이에 필과 붓을 꽂고 그림 그리는 연습을 수십 년 동안 해서 유명한 화가가 되었다는 말을 듣고 크게 고무를 받았다. '나는 아직 왼손이 있지 않느냐. 두 팔이 다 끊어진 사람보다 낫지 않느냐' 하는 생각이 들었다. 생활에 대한 실망을 희망으로 바꾸며 삶을 개척해 나갈 의지가 되살아났다.

하지만 한 고비를 넘기면 또 한 고비가 나를 찾아왔다. 화상 합병증으로 갑자기 눈이 안보이면서 귀도 잘 들리지 않았다. 또 다시 살아서 무엇하겠느냐는 절망과 비감에 휩싸였다. 나는 안타깝고 답답하기 그지없었다. 어쩔 수 없이 다시 담당 의사를 찾아가 정황을 말했더니 합병증으로 이런 현상이 생기는 경우도 있으니 잘 치료하면 회복될 수 있다고 하였다. 나는 잠시 근심을 덜었지만 불안감만은 좀처럼 사라지지 않았다. 안과의사가 와서 검사하고 주사 약물 등 3개월 치료를 거쳐 눈은 점차 회복되었다.

오성준 원장님은 나의 담당 교수이시다. 그는 책임감이 강하고 탁월한 의학 치료기술을 가진 분이다. 내가 입은 화상이 너무 엄중해서 나에게 특별한 주의를 가지고 내가 합병증이 올 때 마다 해열, 진통, 소염을 결합해서 하나하나 합병증을 해결 해 나갔다. 그런데 눈이 좀 보이니 또 다른 합병증이 찾아왔다. 역류성 식도염과 담즙 역류성 위염으로 인해 음식물 삼키기가 힘들었다. 힘들게 삼켰다 해도 헛배가 부르고 구역질이 나며 열이 40도까지 올라 몸을 부들부들 떠니 침대조차 '들들들' 소리가 났다. 나는 이제 더 이상 살고 싶지 않다는 생각이 들었다. 그래서 뒷일을 처리하려고 아내에게 집으로 부치려던 통장 비밀번호를 알려주면서 죽어가는 내 모습을 보지 말고 빨리 비행기표를 사서 집으로 돌아가라고 전하였다.

나의 아내는 내가 합병증으로 인한 각종 질병의 극심한 고통 속에서 절망에 빠졌다는 것을 느꼈다. 그래서 나에게 용기를 주기 위해 마음 변함없이 평생을 같이 살자고 하던 말을 되풀이 하면서 내가 죽는다면 자신도 같이 죽겠다고 했다. 그런 아내를 보아서라도 다시 이를 악물고 견뎌보자는 결심이 생기면서 참고 또 참으며 하루하루를 보냈다. 식도염과 위염으로 음식물 삼키는 것을 어려워해서 아내가 우유, 생수, 과일즙을 먹여주면 나는 억지로라도 받아 넘기곤 했다. 병원에서 전면적이고 자세한 검사결과, 나의 위와 담상이 연결된 부분이 막혀 담즙이 위로 나오지 못한다는 진단이 나왔다. 담당 의사는 내시경 관을 입으로 꽂아 위로 보낸 후 엑스레이로 찍어보면서 접촉 부분이 막힌 것을 뚫어내고서야 구역질이 나는 것이 멈추었다. 그렇지만 합병증으로 인해 대변이 굳어져 대변을 배출하지 못해 배가 부어올라 숨을 잘 쉬지 못할 정도여서 며칠동안 음식을 못 먹으니 또 엄청난 고통을 겪어야 했다. 병원에서 관장을 해보았으나 잘 해결되지 않았다. 결국 나의 아내에게 손으로 굳은 대변을 파내보라고 하였다. 굳어진 대변은 돌과 같이 딱딱하여 손에 낀 비닐장갑이 찢겨나갈 정도였다. 할 수 없이 손톱으로 조금씩 뜯어 파내야 했다. 대변이 얼마간 배출되니 살 것 같았다. 하지만 며칠이 지나 또 그런 상황이 벌어져 밥을 제대로 먹지 못하였다. 이렇게 수십 번을 거쳐서야 이런 상황에서 벗어났다.

이후 중환자실에서 다섯 달 정도 치료를 받고 일반 병실로 옮겨 물리치료를 받기 시작했다. 나는 전신 피부가 굳어지고 몸은 판자대기처럼 되어 굽히려 해도 굽힐 수가 없었다. 물리치료 의사가 진땀을 흘리면서 나의 다리를 굽혀보았으나 좀처럼 굽혀지지가 않았다. 처음 팔다리 허리를 굽힐 때는 극심한 아픔으로 고함을 지르고 눈물까지 흘렸다. 그러나 참아야 했다. 그런데 합병증이 또 찾아왔다. 아랫배가 아프면서 소변을 보지 못했다. 정밀한 검사를 거쳐 요도 협착으로 소변 나오는 구멍이 막혔다는 것을 알았다. 빨리 수술을 해야 했다. 일 년 좀 넘는 동안 네 번 수술을 했다. 이렇게 되다보니 물리치료 효과가 잘 나타나지 않아 장기 물리 치료를 하면서 극심한 고통을 겪어야 했다. 허리를 굽혔다 폈다 할 때는 할 수 없이 끈을 가져와 한쪽은 나의 허리에 매고 다른 한쪽은 침대에 걸고 아내가 잡아당기는 방법으로 허리를 굽히곤 했는데 통증이 심해서 2분도 안돼 다시 침대에 누웠다. 하지만 나는 놀라운 인내력으로 물리 치료를 승리의 길로 이끌어 나갔다. 내가 화염 화상 합병증으로 받은 고통과 곡절은 그야말로 말로서는 다 표현할 수 없는 것이다. 결국 나는 병마와 싸워 이겼고 몇 번의 죽음의 위험 속에서 다시 살아났다. 지금 나는 장애인 일터에서 열심히 근무하면서 다시 활기찬 모습으로 새 생활을 펼쳐가고 있다.

내가 죽을 고비를 한 고비 한 고비 넘기면서 살아나온 길에는 아내의 헌신적인 노력과 따뜻한 관심이 있었고 구원의 손길들이 펼쳐져 있었다.

나는 화상을 입고 병원에 입원한 후 오랫동안 아내와 부모님께 알리지 않았다. 왜냐하면 아내는 중국에서 혼자 살림을 하면서 두 딸을 키우고 있고 나의 아버지와 어머니는 병마에 시달리고 있기에 알리면 그들에게 정신적으로 부담을 주고 두 딸의 공부에도 영향을 줄 것이라고 생각했기 때문이다.

중환자실에 있을 때의 일이다. 같이 있던 한 중환자가 온몸에 화상을 입었는데 원래 얼굴 모습도 사라지고 팔다리도 쓰지 못하게 되었다. 그 사람 아내가 몇 번 와보고 하더니 갑자기 사라져버리고 다시는 오질 않았다. 아예 남편을 떠나 도망가 버린 것이다. 그것을 목격한 나는 의심과 걱정에 빠진 것이다. 아내가 와서 현재 나의 상황을 보면 마음이 어떻게 변할지 상상조차 하기 어려웠다. 그래서 친척들이 빨리 무슨 방법을 써서 아내를 한국에 오게 하자는 의견에 대해 머리를 흔들면서 동의하지 않았다.

2002년 1월 8일 병중에 계시던 나의 어머니가 세상을 떠나셨다. 그날 많은 친척들이 있었다. 한국에 나와 있던 친척들도 많은 문안 전화를 보내왔다. 그런데 다만 막내 아들인 내가 전화가 없었다. 나의 아내는 갑자기 심상치 않은 생각이 들면서 큰 의심을 갖게 되었다. 그래서 정신 나간 사람처럼 이 사람 저 사람한테 캐묻기 시작했다. 친척들은 아내가 조급해하면서 정신상태가 변한 것을 보자 시숙이 차마 볼 수 없어 떨어지지 않는 입을 겨우 떼면서 지금은 상황이 많이 좋아졌다고 위로의 말을 해주었다. 나의 아내는 그제서야 비로소 내가 상처를 입어도 어지간한 상처가 아니라는 것을 알게 되었다. 하늘이 무너지듯 하였다. 더없이 괴로운 마음을 억지로 참으면서 어머니 상사를 치르고 한국에 가기로 하였다. 아내는 한국에 사는 친척들에게 전화를 걸어 어떻게 해서라도 자기를 한국에 가게끔 해달라고 사정했다.

아내는 뜬 눈으로 밤을 지새면서 나와 연애하면서 평생을 같이 살자고 맹세하던 모습, 결혼하고 단 둘이서 가정을 꾸려 살림을 하면서 아침저녁으로 손잡고 다니면서 농사일 하던 모습, 내가 남 못지않게 살겠다고 농사일 하면서도 부업해서 벌어온 돈을 아내 손에 넘겨주던 모습, 두 딸을 낳아 재미있게 키우면서 기뻐하던 모습, 두 딸을 공부시키려고 한국으로 떠나면서 눈물을 흘리며 헤어지던 모습들이 영화 필름 돌아가듯이 생생하게 눈앞에 떠올랐다. 생각할수록 마음이 급한 아내는 하루에 몇 번이나 한국에 전화해 빨리 한국에 입국시켜 달라고 요구했다.

다행히 한국으로 입국하는 서류는 빨리 나왔다. 아내는 두 딸을 친정 아버지, 어머니께 맡기고 한국으로 떠났다. 비행기에서 내려 인천 공항을 나갈 때 공무원이 무슨 비자를 밟고 어떻게 되어서 나왔느냐고 캐물으면서 사무실로 데려갔다. 누구보다도 바쁜 사람이건만 이 절차는 꼭 밟아야 했다. 나의 아내는 가슴이 다 타버려 재가 된듯 하였다. 아내는 사연을 말하면서 빨리 나가게 해달라고 공무원에게 부탁하니 공무원은 여기저기 확인해 보고서야 아내를 내보냈다. 중국으로 되돌려 보내면 어떻게 하나 하며 조바심에 떨던 아내는 마침내 해방을 맞은 듯 했다. 인천공항을 나올 때 얼마나 기뻤던지 자기도 모르게 "영대씨 우리 곧 만날 수 있을 거야" 라고 외쳤다. 아내는 친척이 마중 나온 차를 타고 부랴부랴 내가 있는 병원으로 향했다.

병실에 들어선 아내는 깜짝 놀라지 않을 수 없었다. 눈앞에 나타난 사람이 웬 사람인지 알아 볼 수가 없었다. 머리카락이 다 빠지고 눈은 쏙 들어갔고 광대뼈가 툭 튀어나와 앙상한 뼈만 남았다. 사람인지 귀신인지 알 수가 없었다. 나는 또한 앞에 나타난 여인을 보고 정말인지 꿈인지 생시인지 몰라 머리를 흔들어 보았다. 아내가 왔다는 것을 알아챈 나는 두 눈에서는 눈물이 주르륵 흘러내렸다.

"죽지 말고 끝까지 살아야 해"

아내의 첫마디에 나는 더없이 흐느꼈다. 나의 생각과는 달랐던 아내였다.

나는 중환자실의 환자기에 아내가 하루 세 번씩 면회시간에 음식을 먹이러 들어오곤 했다. 내가 치료 과정에서 혹독한 아픔으로 의식을 잃고 쓰러질 때 마다 아내의 마음은 칼로 베어내는 듯 하였다. 밤이면 아내는 침대에 누워 있다가 중환자실에서 전화가 오면 깜짝깜짝 놀라곤 했다. 왜냐하면 밤중에 중환자실에서 전화가 오면 중환자가 숨이 끊어져 하늘나라로 갔다는 것을 의미하기 때문이다. 아내는 항상 조마조마한 마음을 가지고 있어야만 했다. 그리고 면접 시간이 되면 빨리 중환자실로 뛰어 들어가 나에게 풍요한 음식을 떠먹이곤 했다. 중환자실에 들어갔다가 제일 늦게 나오는 사람은 항상 아내였다. 때로는 간호사가 "영대씨 보호자님, 빨리 나가세요!" 라고 외쳐서야 겨우 발걸음을 돌리곤 했다. 아직 너무나도 못 다한 정성이 많은데…, 너무나도 하고 싶은 말이 많은데… 나에 대한 아내의 깊은 애정과 나에 대한 충성심에 감동된 간호사도 이따금씩은 면접 시간을 더 길게 주곤 했다. 화상 입은 환자한테는 개고기국과 미꾸라지국이 좋다하니 아내는 하루도 빠짐없이 번갈아 끓여 나에게 먹였다.

나에게 가피 수술과 이식 수술이 시작되었다. 이식 수술은 생각만 해도 끔찍하고 놀라운 수술이다. 한번 수술하고 며칠 지나면 또 수술을 해야 했다. 수술 할 때 마다 아픔을 견뎌내자고 몸부림치며 힘을 주기에 어깨쪽 화상 입은 곳의 핏줄이 터져 피가 솟구쳐 나왔다. 이것을 목격한 아내가 좀 참아달라고 하니 내가 너무 아픈 것을 이해 해주지 못한다면서 집으로 돌아가라고 소리치기도 했다. 아내는 너무 답답하여 복도로 뛰어나와 안타까운 가슴을 손으로 치면서 울고 들어간 적도 있다. 하지만 아내는 자기 남편을 누구보다도 잘 이해하고 있었다. '얼마나 아팠으면 사랑하는 아내에게도 짜증을 낼까? 나를 두고 또 누구한테 짜증을 낼 수 있단 말인가?' 이렇게 자기 스스로 마음을 달래가면서 하루하루를 보냈다. 아내는 내가 합병증으로 갑자기 눈도 잘 안보이고 귀도 잘 안 들리면 평생을 어떻게 지낼 것인가 걱정은 했었다한다. 그렇다고 해서 남편에 대한 사랑과 희망은 조금도 변함이 없었다.

정신적인 타격과 수면부족, 피로 때문인지 아내는 어지럽고 구역질이 나면서 때로는 화장실로 달려가서 토하기도 했다. 밥을 제대로 먹지 못하니 시퍼런 물만 토했다. 그런데 오른쪽 배가 아프면서 죄여 들어가는 것만 같았다. 아내는 아픔을 참아가면서 내 옆에 있다가 너무 아프면 쪼그리고 앉아 있기도 했다. 그렇지만 내가 알까봐 신음소리 한마디 내지 않으면서 하루하루를 보냈다. 그런데 하루는 더는 참을 수 없이 아파졌다. '내가 죽으면 영대씨는 누가 돌보나? 영대씨를 위해서라도 내가 살아야지…' 이렇게 생각한 아내는 아픔을 참고 1층 응급실로 달려갔다. 의사 선생님은 진찰을 하고나서 아주머니는 곧 수술을 해야 한다고 했다. 깜짝 놀란 아내는 "이게 무슨 말씀이세요? 왜 수술을 해야해요? 나는 중환자를 보호하고 있는 중이라서 수술은 못합니다." 라고 말했다. 의사는 중환자의 이름을 묻고 여기저기 전화를 걸어보더니 "중환자는 죽을 고비를 넘겼어요. 아주머니는 맹장염이 너무 심해서 맹장 부위 창자가 곧 썩어 터질 정도니 수술하지 않으면 죽습니다." 라고 했다. 아내는 할 수 없이 수술실로 갔다. 수술이 끝난 뒤 8층으로 갔는데 걱정되어 이를 악물고 일어나 링거병을 손에 들고 환자가 사용하는 휠체어를 타고 3층에 내가 있는 병실로 찾아왔다. 병실에 있는 사람들은 깜짝 놀랐다. 금방 수술한 사람이 찾아왔으니 말이다. 눈짓으로 돌아가라는 신호를 던지던 나는 너무 감동되어 눈시울이 뜨거워졌다.

내가 합병증으로 인해 열이 나서 대변이 굳어지면 돌과 같이 딱딱한 변을 아내가 손톱으로 파내야 했다. 대변 냄새와 약냄새로 구역질이 나서 아내는 몇 번이나 화장실로 달려가서 토하고 돌아왔다. 그리고는 다시 거리낌 없이 변을 파내곤 했다. 대변이 배출되니 그제서야 아내에게 "네가 나를 살렸다." 하면서 안도의 한숨을 내쉬었다. 그때 그 고비를 넘기지 못했으면 죽었을 것이라고 생각한다. 아마도 중환자실에서 죽어나간 사람들 가운데서 이 고비를 못 넘겨 죽은 사람들이 있을 것이라고 생각되면서 아내에게 더 없이 감사하다.

중환자실에서 다섯 달 동안 치료를 받고 일반 병실로 옮겨 물리치료를 받기 시작했다. 그러나 아내가 해야 할 일은 더욱 많아졌다. 나의 전신 피부가 굳어지고 몸은 판자대기처럼 되어 굽히려 해도 굽힐 수가 없었다. 물리치료실에 가서 치료를 받고 와서도 하루에 수십 번이나 팔, 다리, 허리를 굽히는 활동을 해야 했다. 처음 팔, 다리, 허리를 굽힐 때는 힘줄이 당기고 터질 것 같은 극심한 아픔으로 고함을 지르고 눈물까지 흘렸다. 그럴 때마다 아내는 옆에서 굵은 땀을 빚어내곤 하였다. 물리치료를 한지 얼마 안 되어 합병증으로 인한 요도 협착으로 소변 나오는 구멍이 막혀 다시 수술을 했을 때, 한동안 지내고 나면 다시 병이 도져서 사람을 괴롭혔다. 일 년이 지나서야 침대에서 내려와 움직일 수 있게 되었다. 처음 침대에서 내릴 때 아내가 부축해주어야 했다. 내가 걸음을 걸을 때마다 마치 아이가 걸음을 배우듯이 비틀거리며 걸어야 했다. 아내가 부축하여 한 발자국 한 발자국 걸어갈 때마다 우리 부부 얼굴에는 새 삶을 개척하려는 용기와 힘이 보였다. 처음 손발을 굽히기부터 허리 굽히기까지, 서 있기부터 걷기까지에는 나의 강한 의지와 아내의 헌신적 노력 그리고 남편에 대한 진정한 애정이 푹 담겨 있다.

아내가 한국에 오기 전에는 나금순, 이순옥, 김진해가 나의 생명을 소중히 여기고 희생 정신으로 완벽하게 간호해주고 따뜻한 관심을 주었다.

내가 엄중한 화상을 입고 한강성심병원에 입원했다는 소식을 들은 친척들과 친구들이 병원으로 몰려왔다. 직장에서 일하던 사람은 소식을 듣고 사장님께 빌다시피 휴가를 내서 왔고 갑자기 차를 탈 수 없는 사람은 택시를 타고 왔다. 회사에서 일하다 상처를 입고 팔을 골절당한 우성기 친구도 병원에서 나와 한강성심병원으로 달려왔다. 달려온 친척과 친구 20여명이 응급실문 어귀에서 발을 동동 구르며 내가 살아나오기를 기다렸다. 시계는 똑딱똑딱 소리를 내며 가고 있었으나 다들 시간이 너무 안가는 것처럼 느꼈다. 조마조마한 순간 내가 화상으로 감염된 피를 뽑고 대 수혈을 해야 한다는 소식이 들려왔다. 문어귀에 서 있던 사람들이 이 소식을 듣자 이구동성으로 피가 모자라면 자기 피를 뽑아달라고 의사한테 애원하였다. 어떤 사람은 눈을 감고 하느님께 나를 살려달라는 기도를 드렸다. 긴박하고 조마조마한 시간이 한 시간, 두 시간, 세 시간, 네 시간이 지나갔다.

저녁 8시에 응급실 문이 열렸다. 기다리던 사람들이' 와락 달려들면서 "영대야! 영대야!" 하며 불렀지만 아무런 반응이 없었다. 나는 마취와 혼수상태에서 마치 죽은 사람과도 같았다. 사람들은 무슨 영문인지 몰라 긴급히 의사에게 달려가 물었다. 의사는 영대가 혼수상태에서 벗어나려면 좀 오랜 시간이 걸려야 한다고 하면서 화상 면적이 전신 60% 이상이기에 사망할 가능성이 높다고 했다. 물론 생존할 가능성도 있지만 어렵다는 것을 표시하면서 만약을 고려해서 준비해줄 것을 부탁하고 특별간호 해줄 것을 요구하였다. 도대체 누가 특별간호를 해주면 마땅할지 모두들 서로 바라보고 있던 중 나금순이 입을 열었다. 나를 살리는데는 간호가 중요하니까 자기가 책임지고 고생하더라도 세심히 나를 간호해 주겠다고 했다. 그래서 친척과 친구들 모두가 동의하고 나금순 위주로 서로 협력하여 나를 잘 간호해주기로 하였다.

나금순은 나를 간호하기 위해 택시를 타고 일하던 식당에 가서 사장님께 정황을 말하고 사직서를 내고 병원으로 돌아와 나의 간호에 착수하였다. 나는 코, 입, 눈만 내놓고 전신을 붕대로 싸매고 있었다. 나금순은 내가 언제쯤 감각이 돌아올지 조마조마한 심정으로 기다리고 또 기다렸다. 새벽 5시가 거의 되었을 때 내가 기진맥진한 가느다란 신음소리를 냈다. '영대가 죽지 않았다. 영대가 살았다.' 참으로 기쁜 신호였다. 나금순은 지금도 그때 겪은 일들을 생각할 때마다 나는 정말 죽음에서 살아나온 사람이라고 감개무량하게 말하곤 한다. 나는 혼수상태에서 먹지 못하고 주사로 생명을 유지했다. 감각이 조금 돌아왔을 때 병원에서 주는 물, 음식물을 조그마한 숟가락으로 떠서 조금씩 넣어주며 나 스스로 면역력을 키워주어야 했다.

하루 한 번씩은 화상 입은 피부를 긁어내고 소독할 때마다 나는 혼수상태에 빠지곤 했다. 나의 목숨이 붙어있을지 아직은 모른다. 그런데 일이 꼬이려고 그런지 나금순 남편이 아파트 현장에서 기름을 칠하던 중 삼발이가 넘어지면서 나금순 남편의 오른발을 때려 골절을 당해 안양시 정형외과에 입원하게 되었다. 이 소식을 들은 나금순은 놀라움과 걱정으로 마음을 걷잡을 수 없었다. 그렇지만 아직 생사의 갈림길에서 헤매고 있는 나를 버리고 남편을 간호하러 갈 수는 없었다. 나금순은 그 충격에 놀라 심장병이 도져 '구심'이라는 약을 먹으면서 계속 나를 간호했다. 하루, 이틀… 일주일이 지났다. 이순옥이라는 여자가 나금순의 남편이 발골절로 병원에 입원했다는 소식을 듣고 다니던 회사를 사직하고 나금순 대신 나를 간호하겠다고 나섰다. 그의 간절한 요구에 나금순은 눈물을 흘리면서 나의 옆을 떠나 남편이 입원한 병원으로 갔다.

이순옥은 젊은 여성으로서 그토록 화상이 엄중한 나를 간호한다는 것은 간단한 일이 아니었다. 그는 다른 사람이 어떻게 볼지 몰라 나의 여동생이라 하고 나의 오줌, 똥을 받아냈다. 그는 하루에 두 세 시간 밖에 자지 못했다. 잠을 못자니 위가 아프고 구역질이 나서 화장실에 가서 토하기도 하면서도 나의 아내가 한국에 오기 전 20일이나 나의 곁을 떠나지 않고 완벽하게 간호를 했다.

나의 인생을 물둑에 비하면 물둑이 터질 때 마다 물고를 막고 말뚝 박는 사람도 있고 물 막는 돌과 흙포대를 던져주는 사람도 있었다. 나는 여기저기 사회적 도덕, 인간적 도덕의 꽃이 활짝 피어있다는 것을 절실히 느꼈다.

내가 화염화상을 입고 병원에 입원할 때 몸에 갖고 있던 돈은 몇 만원 밖에 안 되었다. 갑자기 입원하니 미처 산재 처리가 되지 못해 여기 저기 돈이 들어가야 할 일이 많았다. 내가 다니던 회사는 곧 부도날 상황이어서 직원 봉급을 제때에 주지 못했다. 이런 딱한 사정을 알고 김진혜가 나섰다. 김진혜는 평소 나와 왕래가 있어 나를 잘 안다. 당시, 김진혜는 전자 부품 회사를 꾸리고 있는 중이었다. 몹시 바쁘지만 아침 일찍 와서 나에게 무슨 일을 해주어야 하는가 묻고서 자기 돈을 가져와 해결해 가면서 나를 도와주었다. 그는 내가 다니던 회사에서 산재처리를 제출했지만 산재처리 절차에서 문제가 생겨 다시 회사를 몇 번 찾아갔고, 나의 봉급 때문에 많은 고생을 했다. 김진혜의 노력으로 나는 하나하나의 난관을 넘기면서 순조롭게 병치료를 받았다.

김진혜가 경영하는 전자부품 회사가 정식으로 돌아가기 시작했다. 김진혜는 너무 바빠서 제때에 식사도 하지 못하고 이리 뛰고 저리 뛰면서 회사 일을 보고 있는데 중국에 있는 나의 아내에게서 전화가 왔다. 어떻게 해서라도 빨리 한국 입국 서류를 밟아달라는 간절한 요구였다. 그때 김진혜는 생각해보았다. 회사 일을 잠시 포기하더라도 나의 아내의 한국 입국 서류를 해결해 줘야 나를 살릴 수 있다고 생각했다. 내가 전신 60% 화상을 입고 생사불명 상태에 있기 때문에 나를 간호한다는 것은 하루, 이틀, 한 달, 두 달이 아니고 일 년, 이 년이 될 수 있기에 다른 사람이 계속 간호한다는 것은 불가능한 일이다. 김진혜는 금방 돌아가야 하는 회사 일을 포기하고 나 대신 신청서를 쓰고 병원에 가서 소견서를 떼고 내가 다니던 회사에 가서 확인서를 떼고 법무부에 제출하였다. 그런데 법무부에서 입국 허가서가 빨리 나오지 않았다. 결국 법무부에 김진혜는 몇 번 더 왔다갔다 하면서 입국 서류를 마무리 해서 나의 아내에게 보냈다. 김진혜가 또 한 번 내 삶의 길을 풀어주었다.

나의 아버지는 한국에서 태어났기에 한국 호적에 이름이 있어 동포 1세이다. 한국 정책에 의하면 나의 아버지가 동포 1세이기에 나도 한국 국적에 올릴 자격이 있다. 내가 한국 국적에 올리는 것은 나로 하여금 삶의 길을 만드는 중요한 조치다. 왜냐하면 나는 회사직업으로 회사 현장에서 화상을 입고 우측 수지 5개를 몽땅 절단하여 신체장애 5급이 되어 평생 장애 연금을 받을 수 있다. 한국 국적에 올리지 못하고 중국으로 돌아가면 장애연금을 받을 수 없고 노동능력을 상실하였기에 살기가 힘들다. 그래서 김진혜는 내가 살아가는 길을 마련하기 위해서 또 나섰다. 나를 대신하여 국적취득 신청서를 썼고 회사일이 바쁘기에 저녁에 지방에 내려가서 나의 친척을 찾아 내가 처한 상황을 말하고 친척들로 하여금 제적등본을 떼서 법무부에 제출하였다. 그리하여 나로 하여금 한국 호적을 취득하여 평생 살아갈 길을 마련해 주었다. 그리고 또 두 분이 나의 치료비를 구하기 위해 백방으로 노력했다.

내가 수지수술 후 골격성장 등으로 인한 복합수술을 해서 손을 펴게 해야 했다. 그 당시 내가 다니던 회사는 부도를 냈고 사고를 유발했던 동료는 자취를 감춰버렸기에 병원 치료비 30%는 고스란히 나의 몫으로 돌아왔다. 왜냐하면 산재보상 보험법에 의하면 병원비 70%는 근로복지공단에서 지불하고 나머지는 회사 측에서 지불해야 하는데 회사가 부도나서 지불하지 못하니 병원에서는 본인이 책임지고 지불하라고 했다. 그 당시 나는 아직 두 달 봉급도 못 받았고 또 매달 두 딸에게 생활비와 학비를 적어도 40만원을 부쳐야 했다. 이런 형편에 내가 무슨 돈이 있어 병원 치료비 30%를 낼 수 있단 말인가? 병원 치료비를 내지 못하니 병원 측에서는 곧 해야 할 수술도 중단해버렸다. 그때 나는 살 길이 없어진 것 같아서 자살시도까지 했다. 그런데 운이 트려니 마침 천주교 서울대교구 노동사무위원회 산재사무실 정점순 수녀님을 알게 되었다. 수녀님은 산재로 인하여 자신들의 삶의 기반과 인간관계에서 무너진 이들을 직접 방문하여 그들의 소리에 귀를 기울이고 아픔을 위로하며 또한 고통 가운데서 이미 그들과 함께 하시는 하느님을 발견하고 그들의 절망적인 삶이 점차적으로 회복되도록 돕는 사업을 하는 분이다. 정점순 수녀님이 나와 상담을 통해서 내가 치료비를 못내 치료를 중단 당한 처참한 사정으로 절망에 빠졌다는 것을 알고 나를 돕기 위해 나섰다. 정수녀님은 나를 안정시키고 백방으로 뛰어다니면서 화상 입은 사실 경과와 병원 치료비 경과를 조사해서 천주교에 알려주었다. 천주교 신부님이 직접 병원으로 와서 나를 만나 차근차근 물어보고 내가 다니던 회사에 가서 각 방면의 조사를 거쳐 사고 발생 원인과 회사가 부도난 정황을 확인하고 병원과 근로 복지공단에 가서 상담을 하고 먼저 자기 돈 200만원을 나의 치료비로 건네고 병원에서 중단했던 수술을 빨리 계속 진행하라고 하였다. 나와 아내는 신부님이 남을 돕는 사심 없는 도움의 손길에 감사의 눈물을 흘렸다.

내가 퇴원할 무렵 엄청난 치료비를 내야 했다. 치료비를 내지 못해 퇴원을 하지 못하니 나는 갑갑증이 나서 앉았다 일어섰다 하면서 발을 동동 구르기도 했다. 제때에 퇴원해 나가는 환자들을 볼 때 마다 부러워했고 안타까운 마음이 불타는 것 같았다. 그런데 신부님이 오셔서 내가 살아나갈 길을 풀어주었다.

신부님이 나의 치료비를 구하려고 백방으로 뛰어다니다가 '평화신문' 이웃돕기 코너 '사랑이 피어나는 곳에'를 통하여 나의 사연이 소개되도록 다리를 놓아주었다. 전혀 갚을 수 없을 것만 같았던 병원 치료비 1,700만원이 이렇게 마련되었다. 신부님이 후원금 1,700만원을 병원에 내자 병원 측에서도 사정이 딱한 특수함을 고려해서 치료비를 800만원을 깎아주었다. 나는 친척에게 150만원을 꿔서 치료비를 다 지불하고 드디어 퇴원 할 수 있게 되었다. 퇴원 수속을 마치고 병원 문을 나설 때 나는 너무 흥분하여 꿈인지 생시인지 믿어지지 않아 아내에게 우리가 "정말 퇴원하는 것인가" 하고 물었다. 매일 듣던 신음소리, 울음소리, 한숨소리를 떠나 병원을 나서는 것이 나로 하여금 마치 맑고 푸른 하늘로 날아가는 듯 한 기분을 느끼게 하였다. 순간 나는 수녀님과 신부님의 잘 가라는 부드러운 말소리가 들려오는 것 같았다. 나는 아내에게 우리가 오늘 퇴원하게 되는 것은 수녀님과 신부님 덕분이라면서 이 은공을 영원히 잊지 말자며 병원 문을 나섰다.

**장애인이 된 사람들에게는 자립생활 하려는 의지와 용기가 반드시 필요하다.**

# 홀로 자립생활에 도전

임영채

나는 1968년 9월 2일 장애인으로 태어났다. 어머니는 내가 태어난 지 얼마 안 되어 병으로 돌아가셨기에 아버지 손에서 자라났다. 초등학교 5학년 때 아버지마저 병으로 세상을 떠나셨다. 그때 나는 설움과 비통에 휩싸여 삶의 절망감을 느꼈다. 나는 죽은 아버지 시체 옆에서 내 팔자를 원망했다. 왜 내가 장애인으로 태어났고, 왜 부모가 나를 버리고 모두 가버리는가를 외치면서 울었다. 이때부터 도와주는 사람 없이 홀로 장애인 시설에서 생활하였다. 이따금씩 절망에 빠져 마음의 상처가 깊어져 간 적도 있다. 그러나 어린 장애인으로서 이것저것 가릴 처지가 아니었다. 선택의 여지가 없다는 것을 깨닫고 생명을 소중히 여기며 그곳에서 20년을 살아왔다.

어느날 나는 윤씨라는 장애인을 알게 되었다. 윤씨는 가정도 있고 차도 몰고 다니었다. 하루는 그가 나에게 밥도 주고 돈도 좀 주며 구두 닦는 일을 하지 않겠느냐 물었다. 나는 생각해보았다. 나라에서 장애인 시설을 만들어 나로 하여금 이 시설에서 먹고 살게 해주는데 대해 너무 고맙지만 자립 생활을 하는 것이 너무 부러웠다. 새들이 하늘을 자유롭게 날아다니듯이 나도 사회에 나가서 자유롭게 남과 같이 돈도 벌면서 떳떳이 살고 싶은 마음이 불붙듯 하였다. 그래서 나는 윤씨를 따라가서 구두를 닦기 시작하였다. 그런데 장애인 시설 원장님이 와서 나를 데리고 다시 장애인 시설로 돌아왔다. 하지만 나는 나의 꿈을 포기하지 않고 희망을 향해 달려가고 싶은 마음이 간절하였다. 다시 장애인 시설을 떠나 윤씨와 같이 충청북도 청주시에 가서 장사를 하였다. 그때 윤씨는 나에게 같이 일하면 월급을 주는 것이 아니라 돈을 모아 두었다가 내가 홀로 자립생활하러 나갈 때 한꺼번에 준다고 했다. 나는 그 사람을 믿고 그럼 그렇게 하자고 하였다.

그후 나는 윤씨가 시키는 대로 수세미 장사를 하였다. 그와 4년을 같이 일했다. 장애인으로서 장사를 하는 것이 몹시 힘들었고, 부딪친 고난도 많았다. 그렇지만 꿈을 가지고 스스로 자립생활을 하는 것이 나에게는 행복으로 느껴졌고 남과 같이 사회의 정정당당한 일원으로 산다는 자부심을 갖게 되어 더없는 즐거움을 갖게 되었다. 그런데 일이 다 자기 뜻대로 되는 것이 아니었다. 잘 되어 나가던 윤씨의 공장이 갑자기 무너지는 바람에 나는 4년 동안 힘들게 일하고 돈 한 푼 받지 못한 채 밀차 한 대와 다른 물건들을 좀 가지고 그곳을 떠났다.

나는 또 다시 다른 친구와 장사를 했다. 그런데 성격이 맞지 않아 그와 헤어져서 혼자서 장사를 하였다. 아침 일찍 일어나서 저녁 늦게까지 동분서주 하면서 많은 고생을 하고 쓴맛도 보고 했지만 그래도 자유롭게 자립생활을 하면서 삶의 보람을 느끼고 인생의 달콤한 맛도 느껴보게 되었다.

그런데 장사하면서 분주히 다니던 어느 날, 갑자기 차 한 대가 옆으로 지나가면서 나를 부딪쳐 나는 허리에 심한 상처를 입었다. 병원 응급실에 실려가 대 수술을 받게 되었다. 병원에서 석 달가량 치료하면서 많은 고통과 아픔을 겪게 되었다. 부모, 형제, 친척들이 있었더라면 누구라도 와서 좀 관심하고 돌봐줄 수 있었을 텐데 나에게는 그러한 사람조차 없었다. 육체의 아픔, 마음의 아픔이 나를 더없이 괴롭혔다. 하지만 나는 건강해야 했고 또 새로운 삶에 도전해야 했다. 나의 상처는 회복되었지만 그전같이 마음대로 움직이지 못했다. 병원에서 나를 고려하여 다시 장애인 시설로 보냈다.

1997년부터 2003년까지 나는 계속 장애인 시설에서 생활해 나왔다. 나는 다시 자립생활을 시도했다. 자립 생활이야말로 인생에 가치가 있다고 생각했기 때문이다. 2003년 말 나는 사귄 친구와 함께 충청남도로 가려고 시설 원장님께 이야기 했더니 처음에는 동의하지 않았다. 하지만  꼭 가겠다고 하니 더는 말리지 않았다. 그래서 친구와 같이 충청남도 금산에 갔다. 그곳은 폐교였는데 장애인들이 있으면서 자립생활을 하고 있었다. 그때 사귄 최종환이라는 친구가 있는데 함께 안산으로 가서 생활 할 것을 시도하였다. 2007년 그 친구가 먼저 안산으로 오고 2년 후 나도 안산으로 왔다. 그러다가 2013년 그 친구는 다시 서울로 가고 나 혼자 안산에서 자립생활을 하고 있다. 혼자 있노라면 옆에 말할 사람도 없고 어떤 때는 속상한 일이 있어도 하소연 할 곳도 없어 고독과 외로움에 휩싸인 적도 많다. 하지만 몸에 병이 생겨 움직이지 못할 때면 전기 스위치만 누르면 활동 보조인이 와서 도와주어 천만다행이라 행복감을 느낀다.

금년 내 나이 45세이다. 나는 생각하고 또 생각해보았다. 사람이 살아나가는 것도 중요하지만 어떻게 살아 나가겠다는 목적이 있는 것이 더 중요하다고 생각했다. 나는 부모가 일찍 돌아가셔서 초등학교까지 배우고 더 못 배운 것이 가장 근원이기에 좀 더 배우고 싶은 마음이 컸다. 배우는 것이야 말로 사회에 적응하는 폭넓은 자립 생활을 펼쳐나가는 유일한 방법이라고 생각했기 때문이다. 그래서 지금은 중학교 과목을 배우고 있는데 4월 달이면 검정고시에 참가한다. 검정고시에 합격하면 고등학교, 더 나아가 대학교까지 공부할 것이라고 결심한다. 나는 노력하면 자기 꿈이 꼭 현실로 이루어질 것이라고 믿고 있다.

내가 1급 장애인으로서 삶에 대한 희망을 저버리지 않고 생활에 대한 열망으로 온갖 고통 외로움을 이겨내며 꿋꿋하고 건강하게 살아가는 것은 인생의 보람이라 생각한다. 내가 생활에 대한 용감한 도전, 분투하는 태도는 고통과 절망에서 헤매고 있는 모든 장애인들에게는 힘과 용기, 꿈과 희망을 주는 메시지가 될 것이다.

## 憫 農

이신 李紳

鋤禾日當午　한낮 뙤약볕 아래서 김을 매니
汗滴禾下土　땀방울이 벼 아래 흙에 뚝뚝 떨어지네.
誰知盤中손　누가 알랴, 그릇에 담긴 밥이
粒粒皆辛苦　한 알 한 알 괴로움이 영근 것인 줄을.

# 살아가는 세상

김윤실

세상은 넓고 할 일은 많아
서로의 만남은 귀중한 시각이
천태만상 우여곡절 풍파 속에서
사랑을 으뜸으로 서로 아껴준다면
살아가는 세상은 훨씬 따뜻해지리라.

친구와 이웃은 한 집안 식구라
서로 돕고 받들면 조화로운 사회
어제를 거울삼아 오늘을 즐기고
내일을 아름답게 수놓아 간다면
살아가는 세상은 훨씬 행복해지리라.

하루의 계획은 아침에 세우고
일 년의 대계는 봄철에 달렸고
평생의 즐거움 위해 근면하다면
너나없이 찬양하는 멋진 인생이려니
살아가는 세상은 훨씬 넓어지리라.

## 단상

추억 속에 사는 인생
황혼도 저무는데
군은 웬 생각이뇨

소쩍새는 울음소리 남기고
회오리 바람 가랑잎 남기는데
군은 뭘 남겼노

인생길 종착역에서
한오리 연기로 사라지기 전에
한 폭의 그림 한 수의 노래
한단락의 글이라도 남긴다면
아름다운 종지부가 아닐까

희망을 꿈꾸는 당신에게

초판 발행일 | 2015년 9월 1일

지은이 | 윤석하
펴낸이 | 김미희
펴낸곳 | 몽트

출판등록 2012. 12. 18 제251-2012-65호

주소 | 경기도 안산시 상록구 사동 1361-7
전화 | 031-501-2322 팩스 | 031-501-2321
이메일 | memento33@hanmail.net



값 12,000원
ISBN 978-89-6989-017-7